AF597585

Jugendschutz in Film und Fernsehen

Eine Untersuchung des rechtlichen und institutionellen Rahmens und der Vergleich zwischen einer Filmbewertung der Jugendschutzinstitution FSK und Jugendlicher am Beispiel des Films „Sleepy Hollow“

Agnes Schmid

JUGENDSCHUTZ IM FILM UND FERNSEHEN

Eine Untersuchung des rechtlichen und institutionellen Rahmens und der Vergleich zwischen einer Filmbewertung der Jugendschutzinstitution FSK und Jugendlicher am Beispiel des Films „Sleepy Hollow“

ibidem-Verlag
Stuttgart

Bibliografische Information Der Deutschen Bibliothek

Die Deutsche Bibliothek verzeichnet diese Publikation in der Deutschen Nationalbibliografie; detaillierte bibliografische Daten sind im Internet über <http://dnb.ddb.de> abrufbar.

∞

Gedruckt auf alterungsbeständigem, säurefreien Papier
Printed on acid-free paper

ISBN: 3-89821-281-5

© *ibidem*-Verlag
Stuttgart 2003
Alle Rechte vorbehalten

Das Werk einschließlich aller seiner Teile ist urheberrechtlich geschützt. Jede Verwertung außerhalb der engen Grenzen des Urheberrechtsgesetzes ist ohne Zustimmung des Verlages unzulässig und strafbar. Dies gilt insbesondere für Vervielfältigungen, Übersetzungen, Mikroverfilmungen und elektronische Speicherformen sowie die Einspeicherung und Verarbeitung in elektronischen Systemen.

Printed in Germany

INHALTSVERZEICHNIS

Seite

A) Einleitung 6

B) Der Jugendschutz in Film und Fernsehen 8

I) Der rechtliche Rahmen 8

1. Die Vorgaben des Grundgesetzes 8
   a) Der Artikel 5 GG: Meinungs- und Pressefreiheit 8
   b) Trotz Zensurverbot: Wege für den Jugendschutz 9
2. Der Rundfunkstaatsvertrag 10
   a) Die Entstehungsgeschichte 10
   b) Der § 3 RStV - Richtlinie für die Fernsehausstrahlung 11
   c) Das Verhältnis zu Landesrundfunk- und Landesmediengesetzen 13
3. Jugendschutz im Strafgesetzbuch 14
   a) Der § 131 StGB: Gewaltverherrlichung und Menschenwürde 14
   b) Der § 130 StGB: Hetztum gegen nationale oder religiöse Gruppen 16
   c) Der § 184 StGB: Pornographieverbot 16
4. Jugendgefährdende Medieninhalte „auf dem Index“ 18
   a) Die „Liste der jugendgefährdenden Schriften“ 18
   b) Das Gesetz zum Schutze der Jugend in der Öffentlichkeit 20

II) Die institutionelle Seite 21

1. Die Bundesprüfstelle für jugendgefährdende Schriften 21
2. Die freiwillige Selbstkontrolle der Filmwirtschaft 22
   a) Die geschichtliche Entstehung 22
   b) Aufbau und Tätigkeitsfelder 23
   c) Die Grundsätze der FSK 25
      aa) Abstand von der reinen Bewahrpädagogik 25
      bb) Die generelle Zielsetzung 26
      cc) Der „gefährdungsgeneigte Jugendliche“ 27
   d) Die Altersfreigaben der FSK 28

aa) „Freigeben ohne Altersfreigabe“ und „frei ab 6 Jahren“ 28
bb) „Freigegeben ab 12 Jahren“ 30
cc) „Freigegeben ab 16 Jahren“ 32
dd) Die „Erwachsenenfreigabe“ 33
e) Filmbewertungen im europäischen Vergleich 34
aa) Unterschiede auf der institutionellen Ebene 34
bb) Rechtliche Unterschiede und die Regelung der Altersfreigaben 35
cc) Deutsche Filmfreigaben im europäischen Vergleich 36
3. Die Entwicklung des Jugendschutzes im Fernsehen 39
a) Geschichtliche Hintergründe 39
b) Die Landesmedienanstalten als Basisinstanz 40
c) Der Weg zur „Freiwilligen Selbstkontrolle Fernsehen“ 41
aa) Kritik an den Programminhalten der privaten Sender 41
bb) Die Gewalt- und Reality-TV-Debatten 42
4. Die freiwillige Selbstkontrolle Fernsehen 44
a) Aufbau und Organisation 44
b) Konsequenzen der FSF-Praxis für die Sender 45
c) Neuregulierungen des Jugendschutzes im Fernsehen 46
aa) Die Kennzeichnung von Filmen 46
bb) Das Sendeverbot indizierter Filme 47
cc) Sendezeitbeschränkungen für Formate 48
5. Die Jugendschutzbeauftragten der Sender 50
a) Jugendschutzbeauftragte und ihre Aufgaben in privaten TV-Sendern 50
aa) Die Programmsichtung 50
bb) Die Programmbearbeitung 51
cc) Die beratende Funktion der Jugendschützer 53
b) Die Jugendschutzbeauftragten der öffentlich-rechtlichen Sender 54
aa) Die Praxis in der ARD 55
bb) Die Praxis im ZDF 56

6. Der Blick auf die Seite der Rezipienten - eine Überleitung 57

C) Die Untersuchung: Filmbewertung durch die FSK und Jugendliche 59
I) Zielsetzung und Hypothesenbildung 59
II) Charakterisierung des Films 60
1. Die Wahl des Filmbeispiels 60
2. Der Inhalt des Films *Sleepy Hollow* 60
III) Die Beurteilung durch die FSK 61
1. Die Prüfung durch den Arbeitsausschuss 62
2. Die Prüfung durch den Hauptausschuss 63
3. Die Entscheidung im Appellationsausschuss 63
IV) Die Bewertung durch Jugendliche 65
1. Das Forschungsdesign 65
2. Der Aufbau des Fragebogens 65
a) Die inhaltliche Gestaltung 65
b) Der methodische Aufbau 68
3. Die Ergebnisse des Fragebogens 73
a) Die Einstellungen der Probanden zum Jugendschutz 73
b) Die Einstufung des Films *Sleepy Hollow* 77
V) Der Vergleich: Einschätzung der Prüfer und Jugendlicher 85

D) Ein Ausblick 88

E) Literaturverzeichnis 90

Abbildungs- und Tabellenverzeichnis

Seite

Abb. 1: Der Fragebogen „Jugendschutz am Filmbeispiel *Sleepy Hollow*“ 70

Abb. 2: Die Beurteilung der Wichtigkeit des Jugendschutzes 73

Abb. 3: Die Bekanntheit der FSK und FSF 74

Abb. 4: Die Einstellung gegenüber Gewalt in Film und Fernsehen 75

Abb. 5: Für möglich erachtete negative Folgen von Gewaltszenen 76

Abb. 6.: Die Altersfreigaben aller Probanden 78

Abb. 7: Die Freigaben im geschlechtsspezifischen Vergleich 79

Abb. 8: Die Freigaben im schulspezifischen Vergleich 79

Abb. 9: Die Altersfreigaben der „Vielseher“ 80

Abb. 10: Die ängstigende Wirkung des Films „Sleepy Hollow“ 81

Abb. 11: Die ängstigende Wirkung vier spezieller Szenen 82

Abb. 12: Die abmildernde Wirkung vier spezieller Aspekte des Films 84

A) EINLEITUNG

Die Problematik des Kinder- und Jugendschutzes wird von den Bundesbürgern sogar wichtiger angesehen als beispielsweise die Punkte Umweltschutz und Arbeitslosigkeit. Dies ergab eine repräsentative Studie des Medienpädagogischen Forschungsverbundes Südwest, die im März 1999 auf einer Fachtagung für private Rundfunkanstalten vorgestellt wurde. [1] Auch in den Medienreferaten der Landes- und Bundesministerien, den Parlamenten und Parteien gilt der Jugendmedienschutz seit Jahren als Schwerpunkt in der Jugendhilfe.[2]

Die Brisanz der Thematik Kinder und Jugendliche vor vermeintlich negativen Medienangeboten zu schützen zeigt sich sowohl in der politischen Diskussion als auch der Öffentlichkeit und wenn „[...] der Einfluss der Familie nicht ausreicht, sollen Maßnahmen des Jugendschutzes Kinder vor problematischen Inhalten abschirmen."[3] Wissenschaftlich betrachtet basiert die Notwendigkeit eines - im Gegensatz zum Elternhaus.- „professionellen" Jugendmedienschutz auf über 5000 Studien, die sich überwiegend mit dem Aspekt „Gewaltwirkung" beschäftigen. Auch die vorliegende Studie greift diese Komponente der Gewalt als jugendschutzrelevant auf.
Obgleich die Summe dieser bisherigen Untersuchungen keine strengen Beweise für einen Zusammenhang zwischen dem Konsum medialer Gewalt und realer Gewalt liefert, wird von Seiten der Forschung von einem „Wirkungsrisiko" ausgegangen. Diese Annahme wertet gewalthaltige Medieninhalte - neben Aspekten wie dem sozialen Umfeld der Rezipienten - als unterstützenden Faktor für potentielle, negative Verhaltensweisen der Rezipienten und prägt den Alltag der Jugendschützer grundlegend.[4]

---

[1] Vgl. Goehlnich, Birgit: Meinungsbilder zum 50.Geburtstag der FSK. In: tv diskurs – Verantwortung in audiovisuellen Medien, Schriftenreihe der Freiwilligen Selbstkontrolle Fernsehen, Heft 10, Nomos Verlagsgesellschaft, Baden – Baden 1999, S. 10.
[2] Vgl. Eisermann, Jessica: Mediengewalt – Die gesellschaftliche Kontrolle von Gewaltdarstellungen im Fernsehen. Westdeutscher Verlag, Wiesbaden 2001, S. 14
[3] Burkhardt, Wolfgang: Förderung kindlicher Medienkompetenz durch die Eltern – Grundlagen, Konzepte und Zukunftsmodelle. Leske + Budrich, Opladen 2001, S. 21
[4] Vgl. Selg, Herbert: Filmhelden als Gewaltmodell - Was gelernt wird hängt von der Gesamtaussage ab. In: tv diskurs – Verantwortung in audiovisuellen Medien, Schriftenreihe der Freiwilligen Selbstkontrolle Fernsehen, Heft 06, Nomos Verlagsgesellschaft, Baden – Baden 1998, S. 36

Ziel der vorliegenden Studie ist es, die Thematik des Jugendschutzes in Film und Fernsehen von drei Gesichtspunkten aus darzustellen: der rechtlichen Grundlage, den Jugendschützern und den jugendlichen Rezipienten selbst.

Der theoretische Teil greift zunächst die aktuelle Situation des Jugendmedienschutzes von rechtlicher und institutioneller Seite auf. Dabei soll sich der Blickwinkel von den Rahmenbedingungen bis hin zum Arbeitsalltag der Jugendschützer wenden.

Ein auf die Theorie aufbauender praktischer Teil befasst sich nachfolgend mit den jugendlichen Rezipienten. Mittels eines erarbeiteten Fragebogens wird deren Einstellung zum Jugendmedienschutz untersucht. Dafür sollen sich Schüler der 10. Jahrgangsstufe einer Realschule und eines Gymnasiums in die Lage der Filmprüfer begeben und einen vorgeführten Spielfilm bewerten.
Das Hauptaugenmerk liegt hier auf dem Vergleich der Filmbewertung durch die Jugendschutzinstitution der Freiwilligen Selbstkontrolle der Filmwirtschaft (FSK) und der Jugendlichen selbst. Es wird also die Frage untersucht, wie Jugendliche im Vergleich zu professionellen Prüfern gewalthaltige Szenen einschätzen und ob sie, als die eigentlich zu „Schützenden", in ihrer Einschätzung von der Altersfreigabe der FSK abweichen oder mit dieser übereinstimmen.

B) DER JUGENDSCHUTZ IN FILM UND FERNSEHEN

I) Der rechtliche Rahmen

Öffentliche Diskussionen um potentielle Wirkungen von Gewalt- und Sexualdarstellungen in Film und Fernsehen bringen immer wieder Forderungen nach schärferen Gesetzen zum Schutz von Kindern und Jugendlichen mit sich. Dabei ist es jedoch wichtig, den in Deutschland bereits bestehenden rechtlichen Rahmen nicht außer Acht zu lassen. „Kein Land der Welt hat so umfangreiche, aber auch unübersichtliche Jugendschutzbestimmungen wie Deutschland“[5], fasst Joachim von Gottberg, Geschäftsführer der Freiwilligen Selbstkontrolle Fernsehen die Einbettung des Jugendschutzes in gesetzliche Richtlinien zusammen.
Ein systematischer Überblick über die rechtlichen Jugendschutzbestimmungen soll im Folgenden dazu dienen, die Arbeitsabläufe der verschiedenen Jugendschutzinstitutionen, die im Anschluß vorgestellt werden, besser verstehen und einordnen zu können.

1. Die Vorgaben des Grundgesetzes

a) Der Artikel 5 GG: Meinungs- und Pressefreiheit

Bevor die für Film und Rundfunk relevanten Regelungen im einzelnen erläutert werden, soll als Basis der Art 5 Abs. 1 des Grundgesetzes (GG) und seine Bedeutung für Jugendschutzmaßnahmen in audiovisuellen Medien dargestellt werden. Denn dieser garantiert sowohl den Rezipienten der Massenkommunikation als auch den Kommunikatoren der Medienlandschaft der Bundesrepublik Deutschland weitgehende Meinungs- und Pressefreiheit.

---

[5] Vgl. von Gottberg, J.: Wie funktioniert der Jugendschutz in Deutschland? In: tv diskurs – Verantwortung in audiovisuellen Medien, Schriftenreihe der Freiwilligen Selbstkontrolle Fernsehen, Heft 02, Nomos Verlagsgesellschaft, Baden – Baden 1997, S.12.

„Jeder hat das Recht, seine Meinung in Wort, Schrift und Bild frei zu äußern und zu verbreiten und sich aus allgemein zugänglichen Quellen ungehindert zu unterrichten. Die Pressefreiheit der Berichterstattung durch Rundfunk und Film werden gewährleistet“[6], stellt der Gesetzgeber dieses bedeutende Grundrecht klar dar und betont im selben Absatz Satz 3 weiter: „Eine Zensur findet nicht statt.“[7]
Dieses, seit der erstmaligen gesetzlichen Gewährleistung 1874, in Deutschland immer wieder hart umkämpfte Grundrecht[8] beinhaltet also 4 Hauptaspekte: zum einen das Recht des Einzelnen auf eine frei zugängliche Informationsbeschaffung und Meinungsbildung und die freie Verbreitung dieser. Zum anderen gewährleistet es das Recht der Medienakteure auf eine freie Berichterstattung - der jedoch journalistische Pflichten, wie eine fundierte Recherche und die Beachtung der Persönlichkeitsrechte, zugrunde liegen muss. Weiter beinhaltet der Artikel 5 GG auch das in Deutschland geltende Zensurverbot.

b) Trotz Zensurverbot: Wege für den Jugendschutz

Für den Film- und Fernsehmarkt bedeutet dies, dass audiovisuelle Produktionen vor ihrer Vermarktung oder Veröffentlichung nicht durch staatliche Institutionen verboten werden dürfen, was einer Zensur gleich käme[9].
Dem Recht auf freie Meinungsäußerungen und deren freie Verbreitung wird in Deutschland, besonders nach einer prägenden Zeit des Nationalsozialismus in der die Medien als Mittel zur Staatsführung und Manipulation der Bevölkerung missbraucht wurden, grosse Bedeutung zugemessen.[10] Dieser Grundsatz der Presse- und Meinungsfreiheit stellt einerseits zwar einen bedeutsamen Grundstein in der Medienlandschaft dar, dämmt auf der anderen Seite aber die rechtlichen Möglichkeiten für den Jugendschutz nicht zwangsläufig ein.
Die Medienfreiheit unterliegt also, wie der Art. 5 Abs. 2 GG deutlich macht, gewissen Einschränkungen, die den Weg für die Jugendschutzpraxis gesetzlich ebnet. Denn

[6] Grundgesetz für die Bundesrepublik Deutschland, Bayerische Landeszentrale für politische Bildungsarbeit (Hrsg.), München 1993, S. 114.
[7] Ebd.
[8] Vgl. Noelle – Neumann, E. et al.: Fischer Lexikon Publizistik Massenkommunikation. Fischer Taschenbuch Verlag, Frankfurt am Main 1999, S. 435.
[9] Vgl. von Gottberg, J.: Jugendschutz in den Medien, a.a.O., S. 4.
[10] Vgl. Stuiber, H-W.: Medien in Deutschland, Bd. 2, UVK Medien, Konstanz 1998, S. 161ff.

nach den Ausführungen zur Meinungs- und Pressefreiheit heißt es weiter, dass diese Freiheitsrechte ihre Grenzen „in den Vorschriften der allgemeinen Gesetze, den gesetzlichen Bestimmungen zum Schutze der Jugend und in dem Recht der persönlichen Ehre“[11] finden.

Zusammenfassend läßt sich hieraus folgern, dass die Möglichkeit zur Erlassung von Gesetzen, die Kinder und Jugendliche vor bestimmten medialen Inhalten schützen soll, nach einer genaueren Betrachtung schon im Grundgesetz der Bundesrepublik von 1949 verankert ist. Was genau diese medialen Darstellungen beinhalten, vor der Kinder und Jugendliche geschützt werden sollen, wird in einem gesonderten Kapitel der vorliegenden Studie näher erläutert.

2. Der Rundfunkstaatsvertrag

a) Die Entstehungsgeschichte

Richtwerte worauf sich die im Grundgesetz angesprochenen „kritischen“ Medieninhalte beziehen, sind für den Jugendschutz im Rundfunk in einem Staatsvertrag aller Bundesländer, dem sogenannten Rundfunkstaatsvertrag, umfassend festgehalten. Seine Präambel formuliert dazu allgemein: „ Dieser Staatsvertrag enthält grundlegende Regelungen für den öffentlich-rechtlichen und den privaten Rundfunk in einem dualen Rundfunkssystem der Länder des vereinten Deutschlands.“[12]

Um dessen rundfunkpolitische Zielsetzung besser einordnen zu können, sei das Gestaltungsprinzip des Rundfunks in Deutschland nach 1949 angesprochen. Nach Auseinandersetzungen über eine Neuordnung wurde damals festgelegt, dass der Rundfunk, der bis zur Einführung des Fernsehens Mitte der 50er Jahre noch hauptsächlich aus Hörfunk bestand, der Regelungskompetenz der Länder unterliegt.[13]

---

[11] Grundgesetz für die Bundesrepublik Deutschland, Bayerische Landeszentrale für politische Bildungsarbeit (Hrsg.), a.a.O., S. 114.

[12] Media Perspektiven Dokumentation: Staatsvertrag über den Rundfunk im vereinten Deutschland in der Fassung des vierten Rundfunkänderungsstaatsvertrags. Heft 1/2000, Arbeitsgemeinschaft der ARD – Werbegesellschaften (Hrsg.), Frankfurt am Main 2000, S. 3.

[13] Vgl. Stuiber, H-W.: Medien in Deutschland, a.a.O., S. 209f.

Um jedoch im Bezug auf die Programmkontrolle und den Jugendschutz in den Landesmedien- und Landesrundfunkgesetze zu große Abweichungen zwischen den einzelnen Ländern zu vermeiden, wurde als einheitliche Richtlinie dieser Rahmenvertrag geschlossen.[14]

b) Der § 3 RStV - Richtlinie für die Fernsehausstrahlung

Für den Jugendschutz im Fernsehen ist der § 3 des Rundfunkstaatsvertrages von Bedeutung, der sich zwar nicht ausschließlich, jedoch in erster Linie mit jugendschutzrelevanten Regelungen beschäftigt.[15]
Der § 3 Abs. 1 RStV hält vorweg fest, dass Sendungen grundsätzlich unzulässig sind, „[...] wenn sie
1. gegen Bestimmungen des Strafgesetzbuches verstoßen,
2. den Krieg verherrlichen,
3. offensichtlich geeignet sind, Kinder oder Jugendliche sittlich schwer zu gefährden,
4. Menschen, die sterben oder schweren körperlichen oder seelischen Leiden ausgesetzt sind oder waren, in einer die Menschenwürde verletzenden Weise darstellen und ein tatsächliches Geschehen wiedergeben, ohne dass ein überwiegendes berechtigtes Interesse gerade an dieser Form der Berichterstattung vorliegt; eine Einwilligung ist unbeachtlich,
5. in sonstiger Weise die Menschenwürde verletzen."[16]

Die Festsetzung der Medieninhalte, die in Deutschland als nicht zulässig gelten, sind bereits im ersten Abschnitt des § 3 des Rundfunkstaatsvertrags in detaillierter Form aufgeführt. Hier wird zum einen Bezug auf Kriegsfilme genommen, die aufgrund der Verdeutlichung unmenschlicher, geschichtlicher Geschehnisse durch ihren

---

[14] Vgl. von Gottberg, J.: Jugendschutz in den Medien, a.a.O., S. 11.
[15] Vgl. Dörr, D.: Jugendschutz in den elektronischen Medien – Bestandsaufnahme und Reformabsichten. Verlag Reinhard Fischer, München 2001, S. 30.
[16] Media Perspektiven Dokumentation: Staatsvertrag über den Rundfunk im vereinten Deutschland in der Fassung des vierten Rundfunkänderungsstaatsvertrags, a.a.O., S. 4.

Aufklärungscharakter auch einen pädagogischen Wert für Kinder und Jugendliche aufweisen können.
Im Rundfunkstaatsvertrag wird vielmehr die Bedeutung der Filmintention hervorgehoben und festgehalten, dass Filme nicht den Eindruck vermitteln dürfen, Kriegshandlungen zu verherrlichen oder zu beschönigen. Denke man z. B. an den mehrfach ausgezeichneten Film „Der Soldat James Ryan" wird klar, dass dieses Genre von Jugendschützern auch im Bezug auf gezeigte Gewalthandlungen unter gesonderten Gesichtspunkten angegangen werden muss. Denn diese werden hier nicht um ihrer selbst Willen gezeigt, sondern sind in den Kontext des Kriegsfilmes eingebettet.

Was in der Praxis bereits zu öffentlichen Debatten führte, sind Verstöße gegen den § 3 Abs. 4 RStV. Dieser schreibt fest, dass das real geschehende Leiden und Sterben eines Menschen ohne ein berechtigtes Interesse an gerade dieser Form der Darstellung, wie sie z. B. in der Nachrichtenberichterstattung nötig sein kann, nicht gezeigt werden dürfen. Im Zuge des Reality-TV , welches immer mehr Shows mit der Mischung von Echtheitscharakter und Notsituationen auf den Markt brachte, kam es zu Verstößen gegen § 3 Abs. 4 RStV und zu Forderungen nach deren Verbot.[17]

Ebenfalls wird hier die Schwierigkeit deutlich, objektiv einzuschätzen was z. B. als „sittliche Gefährdung Kinder und Jugendlicher" oder „menschenverachtender Gewalthandlungen" gilt. Der Rundfunkstaatsvertrag hält diesbezüglich wichtige Rahmenbedingungen fest. Explizite Vorgaben nach Art eines Kriterienkatalogs für Jugendschützer existieren jedoch nicht.

[17] Vgl. Eisermann, J.: Mediengewalt – Die gesellschaftliche Kontrolle von Gewaltdarstellungen im Fernsehen, a.a.O., S. 84.

c) Das Verhältnis zu Landesrundfunk- und Landesmediengesetzen

Obgleich der Rundfunkstaatsvertrag die Kernaspekte für den Jugendschutz im Fernsehen beinhaltet, regelt er nicht allein die Ausstrahlung. Daher dürfen in diesem Zusammenhang auch die Landesrunkfunk- und Landesmediengesetze nicht außer Acht gelassen werden. Denn die meisten befassen sich ebenfalls mit Vorschriften, die den Schutz Kinder und Jugendlicher vor potentiell gefährdenden Medieninhalten bezwecken.[18]

Inhaltlich betrachtet weichen diese nicht von den Regelungen des RStV ab. Ihr Verhältnis zueinander ist in § 1 Abs. 2 RStV festgehalten: „Soweit dieser Staatsvertrag keine anderweitigen Regelungen für die Veranstaltung und Verbreitung von Rundfunk enthält oder solche Regelungen zulässt, sind die für die jeweiligen privaten Veranstalter geltenden landesrechtlichen Vorschriften anzuwenden."[19] Die Ausstrahlung von Programmen nach den Bestimmungen der Landesrundfunk- und Landesmediengesetze gelten also solange sie im Rundfunkstaatsvertrag nicht anderweitig geregelt sind. Ist es die Absicht eines Bundeslandes von diesen abzuweichen, so muss es den Vertrag kündigen oder ein neuer Staatsvertrag abgeschlossen werden.[20]

Was abschließend sowohl im Rundfunkstaatsvertrag als auch in den Landesrundfunk- und Landesmediengesetzen festgehalten wurde, ist eine Einhaltung der für den Jugendschutz relevanten Paragraphen des Strafgesetzbuches, auf die nachfolgend eingegangen wird.

---

[18] Vgl. Isensee, J.; Axer, P.: Jugendschutz im Fernsehen. Schriftenreihe des Instituts für Rundfunkrecht an der Universität zu Köln, Verlag C.H.Beck, München 1998, S. 9.

[19] Media Perspektiven Dokumentation: Staatsvertrag über den Rundfunk im vereinten Deutschland in der Fassung des vierten Rundfunkänderungsstaatsvertrags, a.a.O., S. 3.

[20] Vgl. Isensee, J.; Axer, P.: Jugendschutz im Fernsehen. Schriftenreihe des Instituts für Rundfunkrecht an der Universität zu Köln, a.a.O., S. 10.

3. Jugendschutz im Strafgesetzbuch

a) Der § 131 StGB: Gewaltverherrlichung und Menschenwürde

Das Strafgesetzbuch der BRD grenzt unerlaubte Medieninhalte noch etwas näher ein. Besonders die drei folgenden spielen hier für den Jugendschutz eine bedeutsame Rolle: § 130 StGB, § 131 StGB und der § 184 Abs.1, die sich mit Gewaltverherrlichung, Menschenwürde und Pornographie befassen.
Nach § 131 StGB macht sich strafbar, wer „Schriften" und damit auch Filme und Fernsehsendungen verbreitet „[...] die grausame oder sonst unmenschliche Gewalttätigkeiten gegen Menschen in einer Art schildert, die eine Verherrlichung oder Verharmlosung solcher Gewalttätigkeiten ausdrückt oder das Grausame oder das Unmenschliche in einer die Menschenwürde verletzenden Weise darstellen, Jugendlichen unter 18 Jahren anbietet oder an einem Ort vorführt der für diese unkontrolliert zugänglich ist."[21] Der § 131 StGB beinhaltet weiter das Verbot, Filme dieser Art Jugendlichen unter 18 Jahren zugänglich zu machen oder zu überlassen.[22] Dieser letzte Aspekt spielt in der öffentlichen Diskussion besonders dann eine Rolle, wenn Jugendliche Gewalttaten begehen und diese mit dem Konsum von Gewaltfilmen im Elternhaus in Verbindung gebracht werden. Unabhängig von diesem kritisch zu betrachtenden Bezug zwischen Filmkonsum und Nachahmung, wird in solchen Fällen immer wieder die Verantwortlichkeit der Eltern diskutiert.

Im folgenden soll nochmals hervorgehoben werden, dass der § 131 StGB nicht die bloße Darstellung von Gewalt unter eine Geld- oder Freiheitsstrafe von bis zu einem Jahr stellt, sondern das Hauptaugenmerk auf die Auslegung der gezeigten Gewaltdarstellungen legt. Jugendschützer haben folglich darauf zu achten, dass Gewalt in den Medien nicht verherrlichend oder verharmlosend wirken oder gegen die Menschenwürde verstoßen.[23]

---

[21] Strafgesetzbuch der BRD. Bayerisches Staatsministerium (Hrsg.) des Inneren, Richard Boorberg Verlag, München 1999, S. 73.
[22] Vgl. Ebd.
[23] Eisermann, J.: Mediengewalt – Die gesellschaftliche Kontrolle von Gewaltdarstellungen im Fernsehen, a.a.O., S. 65.

An dieser Stelle kommt ein Hauptaspekt des Grundgesetzes mit zur Geltung, nämlich die in Artikel 1 Absatz 1 verankerte Menschenwürde. Sie gilt als unantastbares Gut und ist somit auch für den Jugendschutz von Bedeutung.[24] Marc Liesching, Rechtsreferendar am Landgericht Mannheim und Prüfer bei der FSF, zeigt hierzu jedoch Definitionsschwierigkeiten auf, denn „[...] kaum einem juristisch ungeschulten Leser der Vorschrift dürfte sich auf Anhieb erschließen, welche Gewaltdarstellungen in menschenwürdeverletzender Weise geschildert werden und welche nicht."[25]

Auch bei der Auslegung der Jugendschutzregelungen bestehen Schwierigkeiten, die nicht gänzlich geklärt werden können. Dies sei zur Verdeutlichung an einem kurzen Beispiel aus der Praxis dargestellt.

Wie anhand des § 131 StGB erläutert, nimmt der Schutz der Menschenwürde im Jugendschutz eine bedeutsame Rolle ein. In einer Entscheidung bezüglich der Beschlagnahmung des Filmes „Tanz der Teufel" vertrat das Bundesverfassungsgericht die Ansicht, dass es für eine Übertretung des § 131 StGB nicht ausreichend sei, wenn ein Film gegen die Würde eines oder mehrerer Menschen verstößt. Die Filmhandlung müsse vielmehr vermitteln, dass die Würde *des Menschen schlechthin* verletzt worden sei. Dies erfolge durch die Vermittlung des Eindrucks, dass die Verletzung der Menschenwürde ein normaler und erlaubter Akt sei[26]. Hier wird wiederum deutlich, dass es auch bei der Auslegung der rechtlichen Rahmenbedingungen zu Schwierigkeiten kommen kann.

---

[24] Vgl. Liesching, M.: Zum Verhältnis von Jugendschutz und Menschenwürde. In: tv diskurs – Verantwortung in audiovisuellen Medien, Schriftenreihe der Freiwilligen Selbstkontrolle Fernsehen, Heft 07, Nomos Verlagsgesellschaft, Baden – Baden, 1999, S. 80.

[25] Ebd.

[26] Vgl. Ebd., S. 168.

b) Der § 130 StGB: Hetztum gegen nationale oder religiöse Gruppen

Im zweiten Paragraphen des Strafgesetzbuches zum Jugendschutz wird nochmals genauer bestimmt, welche Inhalte im Bereich Film und Fernsehen als unzulässig gelten. Dabei nimmt der § 130 StGB, neben dem Gewaltaspekt auch auf rassistische, hetzerische Aspekte Bezug, die „[...] zum Haß gegen Teile der Bevölkerung oder gegen eine nationale, rassische, religiöse oder durch ihr Volkstum bestimmte Gruppe aufstacheln“[27] und im Medienbereich unterbunden werden sollen. Fasst man diese beiden Paragraphen 130 und 131 StGB zusammen, wird deutlich, dass das StGB nicht die Darstellung von gewalthaltigen Szenen an sich verurteilt, sondern die Intention der gezeigten Gewalthandlung ausschlaggebend ist.
Ob von den Jugendschützern jedoch Gewaltdarstellungen in ihrer Gesamtintention zum Schluß des Films beurteilt werden sollen oder aufgrund einzelner Handlungen des Films, wird an dieser Stelle im Strafgesetzbuch nicht festgehalten.

c) Der § 184 StGB: Pornographieverbot

Ebenfalls im Fernsehen verboten, jedoch auf Video/DVD für Rezipienten über 18 Jahre erlaubt, sind nach § 184 Abs.1 des Strafgesetzbuches pornographische Filme.[28] Laut Heribert Schumann, Direktor des Instituts für Strafrecht und Jugendschutzrecht der Medien an der Universität Leipzig, ist die Definition von Pornographie in Deutschland deutlich strenger geregelt als beispielsweise in Frankreich oder den Niederlanden.[29] Dies soll nicht als Kritikpunkt vorgebracht werden, sondern als Hinweis auf die international oft differenzierte Betrachtungsweise dessen was als jugendschutzrelevant zu sehen ist. Auf nationale Unterschiede speziell bei der Filmbewertung soll im Verlauf der Studie noch gesondert eingegangen werden.

---

[27] Strafgesetzbuch der BRD. Bayerisches Staatsministerium des Inneren (Hrsg.), a.a.O., S. 73.
[28] Vgl. von Gottberg, J.: Jugendschutz in den Medien, a.a.O., S. 7.
[29] Vgl. Schumann, Heribert: Zum Zustand des deutschen Jugendmedienschutzrechts. In: tv diskurs – Verantwortung in audiovisuellen Medien, Schriftenreihe der Freiwilligen Selbstkontrolle Fernsehen, Heft 15, Nomos Verlagsgesellschaft, Baden – Baden 2001, S. 91.

Wie also wird in Deutschland der Pornographiebegriff gefüllt? Der gegenwärtigen Definition des Strafgesetzbuches und auch der Landesmedienanstalten liegt ein Urteil des Bundesgerichtshofes von 1969 zugrunde. „Als pornographisch betrachtet werden Bilder, die die Sexualität verabsolutieren und losgelöst von sonstigen zwischenmenschlichen Bezügen darstellen. [...] Zur Pornographie gehört die grob anreißerische Darstellung des Geschlechtlichen."[30]
Zwei Aspekte treten hier in den Vordergrund, die für die Prüfer der BPjS (der Bundesprüfstelle für jugendgefährdende Schriften), der FSK (der Freiwilligen Selbstkontrolle der Filmwirtschaft) und der FSF (der Freiwilligen Selbstkontrolle Fernsehen) besonders von Belang sind. Eine Überschreitung vom Erotik- zum Pornofilm besteht hiernach darin, dass die Aneinanderreihung von sexuellen Handlungen im Vergleich zur weiteren Filmhandlung quantitativ überwiegt. Weiter gehen sie nicht mit Emotion oder Empathie einher, sondern es wird der Eindruck vermittelt, dass sexuelle Wünsche rücksichtslos und gegen die Interessen des anderen durch Gewalt oder Machtpositionen durchsetzt werden.

Ebenfalls ein Indiz, auf das Jugendschützer und Prüfer in Deutschland zu achten haben, ist ob Geschlechtsteile „in sexueller Aktion" gezeigt werden oder nicht.[31] Dieses Hauptunterscheidungsmerkmal zwischen Softsex- und Pornofilmen wird von Seiten der Prüfer oftmals kritisiert. Die Begründungen basieren darauf, dass eine Gefährdung von Kindern und Jugendlichen nicht in der Kenntnis über die menschlichen Geschlechtsorgane liegt. Vielmehr gehe es um vermittelte Rollenbilder, welche oft frauenfeindliche Tendenzen oder problematische Verhaltensmuster suggerieren.[32] Gerade bei Jugendlichen, für die in diesem Lebensabschnitt das Erleben der eigenen Sexualität eine wichtige Rolle spielt, wird die Darstellung von sexualethisch problematischen Rollenbildern als desorientierend und gefährdend gesehen. „Für einen fünfzehnjährigen Jungen, der sich gerade mit partnerbezogener Sexualität zu beschäftigen beginnt, kann es furchtbar sein, wenn

[30] von Gottberg, J.: Sexualität, Jugendschutz und der Wandel von Moralvorstellungen. In: tv diskurs – Verantwortung in audiovisuellen Medien, Schriftenreihe der Freiwilligen Selbstkontrolle Fernsehen, Heft 09, Nomos Verlagsgesellschaft, Baden – Baden 2001, S. 67.
[31] Vgl. Ebd., S. 66f.
[32] Vgl. Hönge, F.: Hypothesen mit konkreten Folgen: Nach welchen Kriterien werden Filme freigegeben? In: tv diskurs – Verantwortung in audiovisuellen Medien, Schriftenreihe der Freiwilligen Selbstkontrolle Fernsehen, Heft 06, Nomos Verlagsgesellschaft, Baden – Baden 1998, S. 58.

Filme ihm den Eindruck vermitteln, dass ein Mann sechsmal hintereinander Geschlechtsverkehr haben muss - und das noch mit fünf verschiedenen Frauen."[33]

Ein grundsätzliches Verbot besteht in Deutschland im Hinblick auf die Herstellung und Verbreitung sogenannter „harter Pornographie". Hierzu zählen gezeigte pornographische Handlungen, die beispielsweise einhergehen mit Gewalttätigkeiten sowie sexuelle Handlungen mit Tieren. Dies gilt auch für die Darstellung des sexuellen Missbrauchs von Kindern. Aufgrund der Schwere des Vergehens ist bei der Darstellung eines realen Geschehens schon der Besitz derartiger filmischer Materialien strafbar. Diese Erweiterung des Gesetzes soll einerseits Kinder und Jugendliche vor dem Konsum von Filmen derartigen Inhalts schützen, als auch dem sexuellen Missbrauch an ihnen - zumindest gesetzlich gesehen - ein Stück weit entgegenwirken.[34]

4. Jugendgefährdende Medieninhalte „auf dem Index"

a) Die „Liste der jugendgefährdenden Schriften"

Nachdem die Leitlinien für den rechtlichen Rahmen des Jugendschutzes in Film und Fernsehen im Grund- und Strafgesetzbuch der BRD erläutert wurden, sollen die folgenden Ausführungen zeigen, dass auch Regelungen außerhalb der beiden Gesetzbücher für den Jugendschutz relevant sind.

Wird ein Print- oder audiovisuelles Medienangebot von den Prüfern der BPjS als schwer jugendgefährdend beurteilt, wird es auf den sogenannten „Index" gesetzt. Das betroffene Medium wird dadurch in die „Liste der jugendgefährdenden Schriften" aufgenommen. Von diesem Zeitpunkt an unterliegt das jeweilige Angebot bestimmten Vorschriften bezüglich des Vertriebes, um es von Kindern und Jugendlichen fernzuhalten.

[33] Selg, H.: Filmhelden als Gewaltmodell - Was gelernt wird hängt von der Gesamtaussage ab. In: tv diskurs – Verantwortung in audiovisuellen Medien, Schriftenreihe der Freiwilligen Selbstkontrolle Fernsehen, Heft 06, Nomos Verlagsgesellschaft, Baden – Baden 1998, S. 44.

[34] Vgl. von Gottberg, J.: Jugendschutz in den Medien, a.a.O., S. 8.

Wie im Gesetz über die Verbreitung jugendgefährdender Schriften (GjS) in § 4 und § 5 geregelt ist, darf ein Film nach seiner Indizierung weder an Kinder und Jugendliche verkauft oder verliehen, noch ihnen zugänglich gemacht werden. Ebenfalls ist es untersagt für einen indizierten Film bzw. jegliches indizierte Medium zu werben.[35]

Welche Konsequenzen die Aufnahme eines Filmes in die „Liste der jugendgefährdenden Schriften" für das Fernsehen hat, wird nicht durch die Bundesprüfstelle für jugendgefährdende Schriften (BPjS), sondern im bereits angesprochenen Rundfunkstaatsvertrag geregelt. Im § 3 Absatz 3 RStV wird die Ausstrahlung indizierter Filme und solcher, die im wesentlichen inhaltsgleich sind mit diesen, festgehalten. An dieser Stelle sei ergänzt, dass es sich bei nicht mehr „im wesentlichen inhaltsgleichen Filmen" um eine vom Sender erstellte Schnittfassung des indizierten Filmes handelt, für die eine Ausstrahlung angestrebt wird.

Zusammenfassend geht aus dem § 3 RStV hervor, dass indizierte Filme nur ausgestrahlt werden dürfen, „[...] wenn die mögliche sittliche Gefährdung von Kindern und Jugendlichen unter Berücksichtigung aller Umstände nicht mehr als schwer angesehen werden kann."[36]

Die Beurteilung ob es sich bei einem indizierten Film um einen *schwer* jugendgefährdenden handelt, liegt bei den zuständigen Landesmedienanstalten. Eine eventuelle Ausstrahlung im Fernsehen ist, wie im § 3 Absatz 3 RStV zu finden, dann jedoch nur zwischen 23.00 Uhr und 6.00 Uhr möglich[37]. Auf die generelle Festsetzung der Zeitgrenzen aus Gesichtspunkten des Jugendschutzes wird noch gesondert eingegangen.

[35] Vgl. von Gottberg, J.: Wie funktioniert der Jugendschutz in Deutschland? In. tv diskurs – Verantwortung in audiovisuellen Medien, Schriftenreihe der Freiwilligen Selbstkontrolle Fernsehen, Heft 02, Nomos Verlagsgesellschaft, Baden – Baden 1997, S. 13.

[36] Media Perspektiven Dokumentation: Staatsvertrag über den Rundfunk im vereinten Deutschland in der Fassung des vierten Rundfunkänderungsstaatsvertrags, a.a.O., S. 4

[37] Ebd.

b) Das Gesetz zum Schutze der Jugend in der Öffentlichkeit

Eine abgerundete Darstellung der für Film und Fernsehen relevanten Jugendschutzbestimmung schließt das Gesetz zum Schutze der Jugend in der Öffentlichkeit (JÖschG) ein. Dieses befasst sich mit thematisch vielfältigen Beschränkungen. Dazu gehört z.B. die Abgabe von Alkohol an Jugendliche oder den Besuch von Lokalen und Diskotheken.

Im § 6 JÖschG wird jedoch auch auf den Bereich Filmvorführung und Jugendschutz Bezug genommen: „Die Anwesenheit bei öffentlichen Filmvorführungen darf Kindern und Jugendlichen nur gestattet werden, wenn die Filme von den Obersten Landesjugendbehörden zur Vorführung freigegeben worden sind."[38]

Ohne diese Freigabe dürften Filme in Deutschland zwar im Kino vorgeführt werden, jedoch nur vor einem erwachsenen Publikum. Da diese aber nicht die hauptsächliche Zielgruppe der Filmwirtschaft darstellen, liegt es sowohl im Interesse der Filmbranche als auch der Kinobetreiber, dass neu auf den Markt kommende Filme eine solche Freigabe erhalten. Wie im § 6 JÖSchG festgehalten, sollen diese Altersfreigaben durch die Obersten Landesjugendbehörden der einzelnen Länder erfolgen, um eine verfassungswidrige Regelung für alle Bundesländer durch die Bundesregierung zu vermeiden.

An diesem Punkt lassen sich Parallelen zur Entstehung des Rundfunkstaatsvertrages erkennen. Wie im Bereich des Rundfunks, so soll andererseits auch bei Filmfreigaben umgangen werden, dass die Entscheidungen der Länder zu stark voneinander abweichen. Zu vermeiden gilt also, dass ein und derselbe Film beispielsweise in München für Jugendliche einer bestimmten Alterstufe verboten, in Berlin dagegen zugänglich wäre oder umgekehrt.

Weiter würde eine Freigabe durch die einzelnen Landesjugendbehörden einen hohen Verwaltungs- und Kostenaufwand mit sich bringen. Deshalb wurde in einer Ländervereinbarung festgelegt, die Prüfkompetenz weitgehend einer eigenständigen Institution, nämlich der Freiwilligen Selbstkontrolle der Filmwirtschaft (FSK) zu übertragen.[39]

---

[38] von Gottberg, J.: Jugendschutz in den Medien, a.a.O., S. 10.

[39] Vgl. Ebd., S. 11.

II) Die institutionelle Seite des Jugendschutzes

Wie im vorangegangenen Kapitel dargestellt, gibt es eine ganze Reihe von Regelungen, die den gesetzlichen Rahmen für den Jugendschutz in Deutschland bilden. Sie sind sowohl die Basis für das Arbeitsfeld der Jugendschutzbeauftragten der öffentlich-rechtlichen und privaten Sender als auch der Prüfer und Gutachter verschiedener Institutionen.

Dieses weite Praxisfeld zeigt zum einen auf, welche Bedeutung der Thematik Jugendschutz beigemessen wird, bringt aber auch Komplikationen mit sich: „Mit dem selben Film können sich unter Umständen vier verschiedene Institutionen beschäftigen, um letztendlich die Entscheidung zu fällen: Welche Wirkung hat dieser Film auf Kinder und Jugendliche?"[40]

1. Die Bundesprüfstelle für jugendgefährdende Schriften

Angegliedert an die Darstellungen zum rechtlichen Rahmen sei auch in diesem Kapitel auf die Bundesprüfstelle für jugendgefährdende Schriften (BPjS) eingegangen.

Nach den Regelungen des Gesetzes für jugendgefährdende Schriften (GjS) spricht die Bundesprüfstelle mit Sitz in Bonn Indizierungen, sowohl für Print- als auch audiovisuelle Medien, aus. Zu erwähnen ist, dass diese Stelle nicht selbständig den Markt durchstöbert und nach jugendgefährdenden Inhalten suchen kann, sondern hierzu ein Antrag auf Indizierung vorliegen muss. Dieser kann nicht von Privatpersonen gestellt werden kann, sondern nur das Jugendamt, die Landesjugendbehörden oder das Familienministerium einreichen.[41] Auf den Rundfunk ist diese Indizierungskompetenz der Bundesprüfstelle jedoch nicht ausgedehnt worden. Dies ist im §1 Abs. 3 GjS festgehalten, wonach

[40] von Gottberg, J.: Wie funktioniert der Jugendschutz in Deutschland? In: tv diskurs – Verantwortung in audiovisuellen Medien, a.a.O., S. 12.
[41] Vgl. von Gottberg, J.: Jugendschutz in den Medien, a.a.O., S. 20.

Rundfunksendungen „[...] keine Schriften im Sinne des Gesetzes über die Verbreitung jugendgefährdender Schriften und Medieninhalte sind.“[42]
Im Bereich der Kinofilme ist vorgesehen, dass die BPjS einen Film nur dann auf die Liste der jugendgefährdenden Schriften setzen kann, wenn dieser von der FSK noch keine Alterskennzeichnung erhalten hat. Worin die Bedeutung einer „FSK-Freigabe“ liegt, wie sie festgelegt wird und worauf sie beruht, soll im Folgenden erläutert werden.

2. Die freiwillige Selbstkontrolle der Filmwirtschaft

a) Die geschichtliche Entstehung

In der zweiten Hälfte des 20. Jahrhunderts ist in Deutschland aufgrund von Mediengewaltdebatten „[...] förmlich eine Jugendschutzindustrie entstanden.“[43]
Die älteste Institution, die sich heute mit dieser Frage für den Bereich Film befasst, ist die freiwillige Selbstkontrolle der Filmwirtschaft, kurz FSK genannt. Sie wurde im Juli 1949, nach dem Ende des 2. Weltkrieges, von der Spitzenorganisation der Filmwirtschaft gegründet. Ihr Tätigkeitsfeld lag jedoch nicht von Beginn an im Bereich des Jugendschutzes. Vielmehr lag der Schwerpunkt der Kontrolle damals noch hauptsächlich auf nationalsozialistischen und imperialistischen Inhalten, die aus der deutschen Filmwirtschaft verbannt werden sollten. Nach Ende der Militärzensur ging die FSK dazu über, Filme bezüglich ihrer Altersfreigabe für Jugendliche zu bewerten.[44]
1951 trat dazu das erste Jugendschutzgesetz der Bundesrepublik Deutschland in Kraft, welches sich auch erstmals mit den Alterstufen für eine Filmfreigabe beschäftigte. Damals galten, anders als heute, die Altersgrenzen „bis zu 10 Jahren“, „von 10 bis 16 Jahren“ und „ab 16 Jahren“. Die Diskussion um eine Altersfestsetzung bei Filmen begann jedoch schon zu Zeiten des 1. Weltkrieges im Zusammenhang mit

---

[42] Isensee, J.: Axer, P.: Jugendschutz im Fernsehen. Schriftenreihe des Instituts für Rundfunkrecht an der Universität zu Köln, a.a.O., S. 15.
[43] Eisermann, J.: Mediengewalt – Die gesellschaftliche Kontrolle von Gewaltdarstellungen im Fernsehen, a.a.O., S. 13.
[44] Vgl. Ebd., S. 159ff.

Stummfilmen. Ausschlaggebend dafür waren unter anderem 1914 und 1916 erschienene Filme wie „Der Golem“ oder „Der Humunculus“, die bereits als jugendgefährdend eingestuft wurden.[45] Wo die Kriterien für die Altersfreigabe für Filme heute liegen und welche Bedeutung sie für die Ausstrahlung im Fernsehen haben, wird noch gezielt dargestellt.

b) Aufbau und Tätigkeitsfelder

Wie bereits in den Ausführungen des Gesetzes zum Schutze der Jugend in der Öffentlichkeit angeführt, war die Kompetenz Filmen eine Altersfreigabe zuzuweisen zuerst den Obersten Landesjugendbehörden vorbehalten. Da sich dies aufgrund fehlender Verwaltungs- und Prüfungsausschüsse als schwer umsetzbar erwies, erfolgte eine diesbezügliche Zusammenarbeit mit der FSK. Eine Grundsatzkommission bestehend aus Vertretern der Filmwirtschaft, der Kirchen, des Bundes und der Obersten Landesjugendbehörden entwarf hierbei Grundsätze zur Filmprüfung. Auch heute dürfen nur im Einverständnis mit den Obersten Landesjugendbehörden Kriterien geändert oder neu aufgenommen werden.[46]

Die FSK hat ihren Sitz in Wiesbaden und besteht neben staatlichen Vertretern des Bundes und der Länder auch aus Kirchen- und Bundesjugendringvertretern. Die Mitglieder der Filmwirtschaft haben in den zentralen Gremien noch eine knappe Mehrheit inne.[47] Bei den Prüfungen besteht entweder Parität oder in den Berufungsausschüssen eine Mehrheit der Vertreter der Landesjugendbehörden. „Die pluralistische Zusammensetzung der Gremien und die demokratische Entscheidungsfindung sind, damals wie heute, Grundlage für die Arbeit der FSK.“[48] Die Zusammenarbeit zwischen der Freiwilligen Selbstkontrolle der Filmwirtschaft und den Obersten Landesjugendbehörden (OLJB) erfolgte über Jahrzehnte hinweg durch mündliche und später durch schriftliche Regelungen in loser Form. Diese sollten sowohl filmwirtschaftliche als auch jugendschützerische Aspekte berücksichtigen. Erst 1985 wurde in einer Ländervereinbarung, der nach der deutschen

---

[45] Vgl. Ebd., S. 42f.
[46] Vgl: http://www.spio.de/FSK.pdf, Stand: 14.09.2002.
[47] Vgl. Fischer, H.-D. et al. :100 Jahre Medien-Gewalt-Diskussion in Deutschland, a.a.O., S. 186f.
[48] http://www.spio.de/FSK.pdf, Stand: 14.09.2002

Wiedervereinigung auch die neuen Bundesländer beitraten, die Altersfreigabe von Filmen mit der FSK festgehalten.
Zusammenfassend lässt sich an dieser Stelle bemerken, dass die FSK - Gremien aus Vertretern sowohl unterschiedlicher gesellschaftlicher Gruppen als auch der Filmwirtschaft bestehen. Die FSK selbst erachtet diese Zusammenstellung als sehr effektiv und wichtig. Eisermann bezeichnet die FSK gar als „wichtigste Sozialisationsinstanz im deutschen Jugendschutz", die eine große Rolle zur Professionalisierung des Jugendmedienschutzes beigetragen hat.[49] Die angesprochene Kooperation zwischen den Obersten Landesjugendschutzbehörden, der Filmwirtschaft und der FSF wird jedoch oft auch als ausschlaggebend dafür angesehen, die „Selbstkontrolle" kritisch in Frage zu stellen.[50]

In die freiwillige Prüfung durch die FSK sind gegenwärtig rund 150 Personen involviert, die aus den unterschiedlichsten Berufs- und Gesellschaftsbereichen, wie z.B. aus dem Journalismus, aus Lehre und Forschung oder aus dem Rechtswesen stammen. Neben Vertretern aus verschieden Berufsfeldern haben auch Studenten und Hausfrauen einen prozentualen Anteil in den Prüfausschüssen inne. Die Prüfkriterien selbst werden von Vertretern des Bundes, der Länder, Kirchen und der Filmwirtschaft in der FSK – Grundsatzkommission formuliert.[51]
Rechts- und Verwaltungsträgerin der FSK ist die Spitzenorganisation der Filmwirtschaft e.V. (SPIO). Dieser Verband, der aus elf film- und video-wirtschaftlichen Einzelverbänden besteht, hat jedoch keinen Einfluß auf die tägliche Arbeit der FSK und den daraus resultierenden Prüfentscheiden. Seit ihrer Gründung vor mehr als fünf Jahrzehnten haben mehr als 82.800 Filme die Prüfausschüsse der FSK durchlaufen. Da die Antragssteller Prüfgebühren zu entrichten haben, ist für die FSK dadurch finanzielle Autonomität gewährleistet.[52] Der Vollständigkeit halber sei erwähnt, dass sich die FSK auch mit Videofilmen beschäftigt. Auf diesen Sachverhalt kann aufgrund des Umfangs der vorliegenden Studie jedoch nicht näher eingegangen werden.

[49] Vgl. Eisermann, J.: Mediengewalt – Die gesellschaftliche Kontrolle von Gewaltdarstellungen im Fernsehen, a.a.O., S. 114.
[50] Vgl. Goehlnich, B.: Meinungsbilder zum 50.Geburtstag der FSK. In: tv diskurs – Verantwortung in audiovisuellen Medien, Schriftenreihe der Freiwilligen Selbstkontrolle Fernsehen, Heft 10, Nomos Verlagsgesellschaft, Baden – Baden 1999, S. 53.
[51] Vgl. von Gottberg, J.: Wie funktioniert der Jugendschutz in Deutschland? In: tv diskurs – Verantwortung in audiovisuellen Medien, a.a.O., S. 15.
[52] Vgl. Ebd., S. 56.

c) Die Grundsätze der FSK

aa) Abstand von der reinen Bewahrpädagogik

Bei der Festlegung von Grundsätzen zur täglichen Arbeit spielt für die FSK ein Grundgedanke eine herausragende Rolle: der Drahtseilakt zwischen den im letzten Kapitel ausgeführten Meinungs-, Informations- und Pressefreiheiten als auch das Grundrecht von Kindern und Jugendlichen, ihre körperliche, geistige und seelische Unversehrtheit zu gewährleisten. Es gelten eine Reihe selbst verfasster Grundsätze, die nachfolgend erläutert werden.

Vorweg lassen Stimmen von FSK – Vertretern deutlich werden, dass die Jugendschutzpraxis keine rein „bewahrpädagogische" Haltung mehr einnimmt, wie sie nach jahrzehntelangen Diskussionen über Schmutz- und Schundliteratur zu Beginn auch in die Ära des Films überschwappte:[53]

„Der mediale Raum dient auch dazu, Erfahrungen kennen zu lernen, die in der realen Welt von Kindern und Jugendlichen noch nicht gemacht wurden. Kinder haben das Recht auf Information und das Recht auf Kennenlernen ihrer Gefühle. Bloße Bewahrung ist schädlich. Es ist und bleibt aber die Aufgabe der FSK als einer Institution, in der sich staatliche Aufgaben und freiwillige Selbstverpflichtung verbinden, darauf zu achten, dass junge Menschen diesen medialen Raum verkraften, verarbeiten und einordnen können."[54]

Weiter sind in FSK - Kreisen Stimmen zu finden, die von einem „Abschied von der Bewährpädagogik im Jugendschutz"[55] sprechen. Diese Haltung soll nicht als das generelle Meinungsbild der FSK-Vertreter dargestellt werden. Sie lässt jedoch die Bedeutung vielseitiger Gedankenansätze, auch bei der Entwicklung von Beurteilungskriterien, deutlich werden.

---

[53] Vgl. Fischer, H.-D. et al.:100 Jahre Medien-Gewalt-Diskussion in Deutschland, a.a.O., S. 27.
[54] Goehlnich, B.: Meinungsbilder zum 50.Geburtstag der FSK. In: tv diskurs – Verantwortung in audiovisuellen Medien, a.a.O., S. 55.
[55] http://www.spio.de/FSK.pdf, Stand: 14.09.2002.

bb) Die generelle Zielsetzung

Generell zielen die Grundsätze der FSK darauf ab, dass „[...] keine Filme hergestellt, verliehen oder öffentlich aufgeführt werden, die das sittliche oder religiöse Empfinden oder die Würde der Menschen verletzen, entsittlichend oder verrohend wirken, die freiheitliche demokratische Grundordnung gefährden, die Menschenrechte missachten oder das friedliche Zusammenleben der Völker stören."[56]
Von Seiten der FSK wird betont, dass für die Bewertung zwar einzelne gewalthaltige Szenen eine Rolle spielen, letztendlich jedoch die Gesamtwirkung des Films maßgeblich dafür verantwortlich ist, welche Altersfreigabe er erhält.[57] Belege dafür finden sich in den FSK - Grundsätzen § 18 Absatz 2: „Zu berücksichtigen sind alle Beeinträchtigungen, die vom Film oder Bildträger im Ganzen oder ihren Einzelheiten ausgehen können, wobei die Gesamtwirkung nicht außer Acht zu lassen ist."[58] Dass es daher keinen detaillierten Kriterienkatalog geben kann, der genau vorgibt welche Einzelsequenzen eines Films zu einer bestimmten Alterseinstufung führen, erschließt sich von selbst. Jedoch hat sich in den Jahren der Prüfung durch die FSK eine sogenannte „Spruchpraxis" entwickelt, der sowohl rechtliche Grundlagen, Erfahrungswerte als auch psychologische Erkenntnisse zugrunde liegen.
Weiter hat die FSK, abgeleitet aus dem Gesetz zum Schutze der Jugend in der Öffentlichkeit, festgelegt, dass ein Film überhaupt nur dann für eine bestimmte Altersklasse freigegeben werden darf, „[...] wenn er das körperliche, geistige und seelische Wohl keines Jahrgangs dieser Altersgruppe beeinträchtigen kann. Dabei ist nicht auf den durchschnittlichen, sondern auf den gefährdungsgeneigten Minderjährigen abzustellen."[59]

Zwei Aspekte werden also hier also betont. Zum einen die zu vermeidende „Beeinträchtigung" von Kindern und Jugendlichen. Was genau verbirgt sich aber hinter dieser Bezeichnung? Im § 29 Abs. 2, Satz 1 bis 3 der FSK – Grundsätze lassen sich detaillierte Erklärungen dafür finden. Hier sind von Hemmungen, Schädigungen und Störungen, hervorgerufen durch Filme, die Rede, die

[56] Noelle – Neumann, E. et al.: Fischer Lexikon Publizistik Massenkommunikation. Fischer Taschenbuch Verlag, Frankfurt am Main 1999, S. 32.
[57] Vgl. Hönge, F.: Hypothesen mit konkreten Folgen: Nach welchen Kriterien werden Filme freigegeben? In: tv diskurs – Verantwortung in audiovisuellen Medien, a.a.O., S. 58.
[58] Scholz, Rainer: Jugendschutz. Verlag C.H.Beck, München, 1999, S. 154.
[59] Ebd.

verschiedene Bereiche betreffen können. Gleichwohl Filme bestimmter Genres natürlich auf einem gewissen Spannungscharakter basieren dürfen, sollen sie Kinder und Jugendliche nicht übermäßig belasten oder ihre „charakterliche, sittliche (einschl. religiöse) oder geistige Erziehung hemmen, stören oder schädigen."[60]

cc) Der „gefährdungsgeneigte Jugendliche"

Der zweite näher zu untersuchende Punkt ist die Bezugnahme auf den „gefährdungsgeneigten Jugendlichen". Dies bezeichnet einen Jugendlichen, dessen kognitiver und sozialer Entwicklungstand noch nicht dem entspricht, der durchschnittlich bei Gleichaltrigen vorliegt. Was die Annahme stützt, bei dieser Gruppe Jugendlicher bestehe eine größere Gefahr Gewaltmodelle zu übernehmen oder durch sie übererregt zu werden, ist ein nicht intaktes soziales Umfeld und entsprechende Lebensbedingungen.[61]
Diese besondere Rücksichtsnahme auf den „gefährdungsgeneigten Jugendlichen" kann zwar kritisiert werden, betrachtet man jedoch medienpädagogische Forschungsergebnisse, so ist sie durchaus positiv anzusehen. „Alle medienpädagogischen Forschungsergebnisse haben immer wieder gezeigt, dass gerade diejenigen Eltern, deren Kinder am meisten gefährdet sind, am wenigsten dazu in der Lage sind, diese zu schützen."[62] Gerade bei dieser Gruppe, die aufgrund des sozialen Umfeldes und hohem Fernsehkonsum als gefährdeter gilt, kann den Ergebnissen nach nur bedingt auf die Verantwortlichkeit der Eltern gebaut werden. Aufgrund dieses schwachen zweiten Pfeilers des Jugendschutzes, scheint der durch Jugendschützer und Prüfer ausgeführte hier verstärkt gefordert und die Rücksichtsnahme auf den „gefährdungsgeneigten Jugendlichen" durch die FSK begründet zu sein.

---

[60] Gernert, W.: Jugendschutz. Richard Boorberg Verlag, Stuttgart, 1993, S. 44.
[61] Vgl. von Gottberg, J.: Jugendschutz in den Medien. Herausgegeben von der Freiwilligen Selbstkontrolle Fernsehen e. V., Berlin 1995, S. 70.
[62] Ridder, C.-M.: Paradigmenwechsel im Jugendmedienschutz? In: Media Perspektiven, Heft 5, Arbeitsgemeinschaft der ARD – Werbegesellschaften (Hrsg.), Frankfurt am Main 2000, S. 223.

d) Die Altersfreigaben der FSK

Ein Grundsatz der FSK ist es, bei der Entscheidung für eine Filmfreigabe den Entwicklungsstand möglichst aller Kinder der betreffenden Altersgruppe zu berücksichtigen. Dies wird meist von zwei Seiten kritisiert. Zum einen, dass die Altersgrenzen oftmals zu tief anzusetzen sind, zum anderen, dass bei Kinderfilmen zu ängstlich agiert und Kinder in ihrer Medienkompetenz unterschätzt werden.[63] Diese Kritikpunkte und die erheblichen Unterschiede in der persönlichen Entwicklung und dem sozialen Umfeld von Kindern und Jugendlichen vor Augen, lässt sich die Schwierigkeit eine „richtige" Freigabe festzulegen, nicht von der Hand weisen.
Die Kategorien zur Alterseinstufung finden sich in § 6 Abs. 3 JÖSchG und dem § 28 der FSK – Grundsätze. Hier ist festgelegt, dass für Kinofilme fünf verschiedene Freigaben beantragt und erteilt werden dürfen. Diese sind: „ohne Altersfreigabe", „frei ab 6 Jahren", „frei ab 12 Jahren", „frei ab 16 Jahren" und „nicht freigegeben unter 18 Jahren", wobei gerade die ersten beiden Abstufungen in den Ausschüssen sehr intensiv erörtert werden.[64]
Wird also für einen Film eine Freigabe ab 6 Jahren beantragt, und diese von der FSK aufgrund einer unzumutbaren Wirkung nicht erteilt, kann er als nächste Möglichkeit nur ein „frei ab 12 Jahren" erhalten. Wie die Wirkung des Filmes z.B. auf einen Neunjährigen zu beurteilt ist, spielt in diesem Fall keine Rolle. Auf welchen Erklärungsmodellen die einzelnen Freigabestufen basieren, wird im Folgenden erläutert.

aa) „Freigeben ohne Altersfreigabe" und „frei ab 6 Jahren"

Bei der Einstufung „freigeben ohne Altersfreigabe" und „freigegeben ab 6 Jahren" handelt es sich entweder um speziell auf das Verständnis von Kindern zugeschnittene Filme oder solche, die zwar nicht für sie nachvollziehbar sind, aber dennoch keine beeinträchtigende Wirkung vermutet wird.[65]

---

[63] Vgl. Hönge, F.: Jugendschutz & Wertewandel. In: Medien Praktisch – Zeitschrift für Medienpädagogik, Heft 2, Gemeinschaftswerk der Evangelischen Publizistik e.V., Frankfurt am Main 1999, S. 13.
[64] Vgl. Gernert, W.: Jugendschutz, a.a.O., S. 41.
[65] Vgl. von Gottberg, J.: Jugendschutz in den Medien, a.a.O., S. 70.

Es wird vor allem darauf geachtet, dass problematische Szenen, wie z. B. lautstarke Streitigkeiten oder dunkle, bedrohliche Szenarien nur kurz angespielt und am Ende positiv aufgelöst werden. Die Länge dieser Sequenzen soll, verglichen mit dem Gesamtkontext, nicht zu dominant sein. Kindern müssen also während des Films immer wieder die Möglichkeit haben emotional zur Ruhe zu kommen. Bei der Freigabe von Kinofilmen greift dieser Aspekt noch stärker als bei Fernsehfilmen, da Kinder im Normalfall während des ganzen Films vor der Leinwand sitzen und kaum die Möglichkeit haben sich bei einer Verängstigung oder Überforderung aus dem Filmgeschehen auszuklinken.[66]

Ebenfalls wird der entwicklungspsychologische Aspekt miteinbezogen, dass bei Kleinkindern kognitive Fähigkeiten meist noch schwach entwickelt sind und sie sich völlig mit der Filmhandlung identifizieren. „Vor allem bei Bedrohungssituationen findet eine direkte Übertragung statt. Gewaltaktionen, aber auch Verfolgungen oder Beziehungskonflikte lösen Ängste aus, die nicht selbständig und alleine abgebaut werden können."[67] Ähnliche Wirkungen auf Kinder unter sechs Jahren werden auch bei sehr lauten und dadurch bedrohlich klingenden Geräuschkulissen vermutet. Daher soll, laut FSK, ein Film, der mit solchen filmischen Mitteln arbeitet, nicht mit „freigegeben ohne Altersbeschränkung" eingestuft werden.

Kindern ab einem Alter von sechs Jahren wird aus entwicklungspsychologischer Sicht die Fähigkeit zugeschrieben, Handlungen kognitiv verarbeiten zu können und somit nach und nach zu lernen, sich selbst vom Geschehen zu distanzieren. Diese Fähigkeit gilt jedoch erst im Alter von neuen Jahren als abgeschlossen und kann dann auf die Rezeption von Filmen übertragen werden.[68] Weiter geht man davon aus, dass Kinder bis zum zehnten Lebensjahr Filme als Aneinanderreihung von Sequenzen ansehen. Ein positives Ende des Films hat demnach für Kinder unter zehn Jahren keine ausgleichende Wirkung zu eventuell übererregenden Szenen im Verlauf des Filmes.[69]

Von Seiten der FSK wird die Problematik bei der Einstufung „freigegeben ab 6 Jahren" und der nächstmöglichen Kategorie „frei ab 12 Jahren" wie folgt verdeutlicht: „Die Entwicklungssprünge der Kinder sind in diesem Alter schnell, ein sechsjähriges

[66] Vgl. Hönge, Folker: Hypothesen mit konkreten Folgen: Nach welchen Kriterien werden Filme freigegeben? In: tv diskurs – Verantwortung in audiovisuellen Medien, a.a.O., S. 67
[67] http://www.spio.de/CONT/EBENE3/CO_ALT_1.HTM.
[68] Vgl. http://www.spio.de/3FRAMES/ALT_FRG.HTM.
[69] Vgl. von Gottberg, J.: Jugendschutz in den Medien, a.a.O., S. 71.

Kind hat ein völlig anderes Verständnis als ein achtjähriges Kind, ein zehnjähriges Kind ist wieder ein erhebliches Stück weiter."[70] Auch in der Prüfpraxis wird diese Altersfestsetzung besonders dann als unbefriedigend empfunden, wenn ein Film z.B. für Acht- bis Zehnjährige als durchaus geeignet eingestuft wird, aber dann dennoch erst ab 12 Jahren freigegeben werden kann.[71]

bb) „Freigegeben ab 12 Jahren"

Welche Kriterien spielen weiter für die Freigabe ab 12 Jahren eine Rolle? Bei Jugendlichen dieses Alters gehen die Prüfer der FSK von der Fähigkeit aus Filme distanziert aufnehmen und rational verarbeiten zu können.[72] Das bedeutet, dass sie sich nicht völlig mit einer Filmhandlung identifizieren, sondern in der Regel trennen zwischen der fiktiven „Filmwirklichkeit" und der Realität in der sie leben.

In der Praxis hat sich gezeigt, dass gerade in dieser Altersklasse eine Vorliebe für Filme und Genres zu finden ist, die gewalthaltig sind. Wie Folker Hönge, Vertreter der Obersten Landesjugendbehörden bei der FSK, aus Erfahrung weiß, ist es jedoch weniger die personale Gewalt, die besonderes Interesse weckt, „[...] sondern es geht eher um die Action, um endlose Verfolgungsjagden, um Autos, die ineinander fahren, was auf uns Erwachsene langweilig wirkt."[73]

Interessant sind im Bezug auf diese Aussage Hönges die Ergebnisse einer Längsschnittstudie bei 13- bis 20-Jährigen, die vom Deutschen Jugendinstitut in einer qualitativen Längsschnittuntersuchung erhoben wurde. Von 1992 bis 1998 wurde dafür regelmäßig ein Sample Jugendlicher mit Hilfe von Fragebögen über ihren Medienumgang und ihre Medienvorlieben befragt. Auch Jürgen Barthelmes kommt bei der Ausarbeitung der Daten zu dem Ergebnis, dass speziell im Alter von 13 und 14 Jahren das Fernsehen und für männliche Rezipienten die Sparte Action-Filme eine sehr wichtige Rolle spielt. Eine Sättigung dieser Genrevorlieben ist seinen

---

[70] Hönge, F.: Hypothesen mit konkreten Folgen: Nach welchen Kriterien werden Filme freigegeben? In: tv diskurs – Verantwortung in audiovisuellen Medien, a.a.O., S. 65.

[71] Vgl. Ebd.

[72] Vgl. http://www.spio.de/CONT/EBENE3/CO_ALT_1.HTM, Stand: 24.09.2002.

[73] Hönge, F: Hypothesen mit konkreten Folgen: Nach welchen Kriterien werden Filme freigegeben? In: tv diskurs – Verantwortung in audiovisuellen Medien, a.a.O., S. 65.

Ergebnissen nach nicht erst im Erwachsenenalter, sondern bereits der Altersstufe der 15- und 16-Jährigen erreicht.[74]

Weiter gehen die FSK-Prüfer bei ihrer Bewertung davon aus, dass bei Jugendlichen ab 12 Jahren bereits Kenntnisse über einzelne Filmgenres vorliegen. 12-Jährige rechnen ihrer Ansicht nach bei einem Thriller auch mit erregenden Szenen. Vielmehr ist diese Erwartung auch ein wesentlicher Punkt, weshalb sie solche Angebote konsumieren. Dies kann natürlich nicht bedeuten, dass allein das Wissen Jugendlicher über einzelne Filmgenres und deren szenische Mittel gewalthaltige Inhalte deshalb legitimiert. Dennoch gehen die Prüfer der FSK davon aus, dass diese Kenntnis und der Entwicklungsstand von Jugendlichen ab 12 Jahren zu einer höheren zumutbaren Erregungsintensität führt als bei jüngeren. „Problematisch ist dagegen zum Beispiel die Bilderflut harter, gewaltbezogener Action-Filme, die zumeist noch nicht selbständig verarbeitet werden kann."[75]

Ebenfalls bei Jugendlichen zwischen 12 und 15 Jahren zu berücksichtigen ist der mit der Pubertät einhergehende Prozess der eigenen Persönlichkeitsfindung. Deshalb werden von der FSK Filme im Hinblick auf eine Freigabe ab 12 Jahren kritisch gesehen, in denen ein Held sehr gewalttätig und antisozial handelt und dazu einlädt, als Identifikationsfigur wahrgenommen zu werden.[76]

Zusammenfassend soll folglich nicht nur die Medienerfahrung, über die 12-Jährige heutzutage sicher in hohem Maße verfügen, sondern auch die (fehlende) Lebenserfahrung bei der Freigabe nicht außer Acht gelassen werden und Unsicherheiten über Lebenssinn und Wertvorstellungen nicht mit Filminhalten gefüllt werden, die in eine unvertretbare Richtung laufen.

---

[74] Vgl. Barthelmes, J.: Funktionen von Medien im Prozess des Heranwachsens, Ergebnisse einer Längsschnittuntersuchung bei 13- bis 20-Jährigen. In: Media Perspektiven, Heft 2, Arbeitsgemeinschaft der ARD – Werbegesellschaften (Hrsg.), Frankfurt am Main 2001, S. 84f.

[75] http://www.spio.de/FSK.pdf.

[76] Vgl. Hönge, F.: Hypothesen mit konkreten Folgen: Nach welchen Kriterien werden Filme freigegeben? In: tv diskurs – Verantwortung in audiovisuellen Medien, a.a.O., S. 65.

cc) „Freigegeben ab 16 Jahren“

Als nächster Aspekt wird die Filmfreigabe ab 16 Jahren dargestellt. Weil bei Jugendlichen diesen Alters bereits von gefestigten Werten und Einstellungen ausgegangen wird, werden sie als weitaus weniger durch Medieninhalte beeinflussbar eingestuft, als jüngere Kinder und Jugendliche.[77] Es wird ihnen zugetraut, einem Film, der kritisch betrachtete Wertvorstellungen vermittelt, bereits mit eigenen Normen und Werten zu begegnen. Dazu gehört, auch vermeintlich negative Medieninhalte überdenken und relativieren zu können. Folker Hönge sieht die Verarbeitungsfähigkeit dieser Altersstufe wie folgt: „Sechzehnjährige erkennen, dass es sich um Unterhaltungsfilme handelt, deren Inhalt mit der Wirklichkeit nichts zu tun hat. Bei einer Freigabe ab 12 Jahren bin ich erheblich vorsichtiger.“[78]
Bei den 16-jährigen Jugendlichen wird also bereits von einer entwickelten Medienkompetenz ausgegangen. Dieser Kompetenzbegriff impliziert, dass gewisse Kenntnisse über die Medien, deren Hintergründe und Funktion auch den eigenen Gebrauch beeinflussen. Dieter Baacke, der diesen Begriff geprägt hat, hebt besonders hervor, dass sich anhand dieses Wissens ein bestimmtes Verhältnis den Medien gegenüber aufbaut und einspielt. Dies führt dazu, dass Medieninhalte kritisch aufgenommen und verarbeitet werden können.[79] Der Begriff kombiniert also das Wissen über Medien mit einem gewissen Erfahrungswert durch die eigene Mediennutzung.
Dennoch stehen die Prüfer der FSK auch bei dieser Altersstufe einigen Punkten sensibilisiert gegenüber: “Problematisch bleibt die Vermittlung sozial schädigender Botschaften.“[80]

---

[77] Vgl. von Gottberg, J.: Jugendschutz in den Medien, a.a.O., S. 74
[78] Hönge, F.: Hypothesen mit konkreten Folgen: Nach welchen Kriterien werden Filme freigegeben? In: tv diskurs – Verantwortung in audiovisuellen Medien, a.a.O., S. 62
[79] Vgl. Baacke, D. et al.: Medienkompetenz in Theorie und Praxis. Gesellschaft für Medienpädagogik und Kommunikationskultur (Hrsg.), AJZ Verlag, Bielefeld 2001, S. 6ff.
[80] http://www.spio.de/CONT/EBENE3/CO_ALT_1.HTM; Stand: 24.09.2002.

dd) Die „Erwachsenenfreigabe"

Trotz dieser Zuschreibung einer medienkompetenten Rezeption durch 16-Jährige, finden sich auch Filminhalte, bei denen die Prüfer der FSK eine Freigabe für diese Altersgruppe für nicht vertretbar halten. Diese Medienangebote werden als „nicht freigegeben unter 18 Jahren" eingestuft. Hier handelt es sich, um den Wortlaut aus der Praxis aufzugreifen, dann um Filme „[...] in denen die Gewalthandlungen isoliert und ohne relativierenden Kontext dargestellt werden."[81] Diese Gewalt wird dann als „zum Selbstzweck gezeigt" betrachtet, wenn sie die eigentliche Botschaft des Filmes auszumachen scheint.
Bei den Jugendlichen soll folglich nicht der Eindruck geweckt werden, Gewalt sei legitim und *das* geeignete Mittel um persönliche Ziele gegenüber Mitmenschen durchzusetzen. Als thematisch für diese Altersgruppe ungeeignet gelten weiter Film- und Fernsehinhalte, die, um ein inhaltliches Beispiel zu nennen, Selbstjustiz rechtfertigen. Filme also die beispielweise das Bild vermitteln, das Rechtssystem einer Gesellschaft sei uneffektiv und Selbstjustiz deshalb durchaus legitim und sogar „heldenhaft", sollen 16-Jährigen nicht zugänglich sein.

Betrachtet man abschließend die Altersfreigaben im Zusammenhang, so fällt Folgendes auf: Trotz der doch recht ausführlichen Festschreibung dessen, was für 16- und 17-jährige Jugendliche als ungeeignet gelten, fallen nur rund fünf Prozent aller Filme in die nächste und zugleich höchste Freigabestufe „nicht freigegeben unter 18 Jahren".[82] Für Jugendliche ab 16 Jahren sind also bereits die meisten Filme zugänglich. Erklärt wird dieser kleine Satz von 5 Prozent mit der Einschätzung, dass sich zwischen 16 und 18 Jahren nur verhältnismäßig geringe Unterschiede im Entwicklungsstand finden lassen.[83]
Anzumerken ist hier, dass sowohl eine derart ausdifferenzierte Altersabstufung, als auch die Verpflichtung der Kinobetreiber dafür zu sorgen, dass die Freigabegrenzen im Alltag beachtet werden, sicher keine generelle Gewähr dafür bieten kann, Kinder und Jugendliche von ungeeigneten Filmen fernzuhalten.

---

[81] Hönge, F.: Hypothesen mit konkreten Folgen: Nach welchen Kriterien werden Filme freigegeben? In: tv diskurs – Verantwortung in audiovisuellen Medien, a.a.O., S. 62.
[82] Vgl. von Gottberg, J.: Jugendschutz in den Medien, a.a.O., S. 74.
[83] Vgl. http://www.spio.de/3FRAMES/ALT_FRG.HTM, Stand: 14.09.2002.

Deshalb verbleibt in allen Fällen des Jugendschutzes auch bei den Eltern und Erziehungsberechtigten ein entscheidender Anteil an einer verantwortungsvollen und Mediennutzung sowohl beim öffentlich zugänglichen Film als auch beim privaten Fernsehkonsum.

Weiter lässt sich sagen, dass die Aufteilung in die verschiedenen Altersfreigaben in Deutschland vergleichsweise differenziert ist. Dabei wird stark zwischen den einzelnen Entwicklungsstufen von Kindern und jugendlichen Rezipienten unterschieden. Um diesen Aspekt des Jugendschutzes auch im internationalen Vergleich einordnen zu können, folgt zur Abrundung dieses Kapitels ein Ausblick über die Grenzen Deutschlands hinweg.

e) Filmbewertungen im europäischen Vergleich

Außerhalb Deutschlands gelten teilweise andere Kriterien dafür, welche Filme für Kinder und Jugendliche freigegeben werden. So ist es möglich, dass ein Film beispielsweise Kindern und Jugendlichen aller Altersgruppen in Frankreich zugänglich ist, der in Großbritannien nicht für Jugendliche unter 18 Jahren freigegeben wurde. Betrachtet man die europäischen Freigabeentscheidungen, die z. B. von der FSK via Internet (unter: http://www.fsk-online.de/main/index.html) öffentlich zugänglich gemacht werden, findet man erstaunliche Unterschiede zwischen den Freigabeentscheidungen in verschiedenen Ländern. Vorab ist hierzu festzuhalten, dass die Verantwortlichkeit für den Jugendschutz innerhalb Europas unterschiedlich geregelt ist.

aa) Unterschiede auf der institutionellen Ebene

Grundsätzlich findet sich in allen europäischen Ländern eine Institution, die sich, wie die FSK, mit der Altersfreigabe für Kinofilme beschäftigt. Anders als es jedoch in Deutschland und Großbritannien der Fall ist, sind diese Institutionen im übrigen Europa bei den jeweils für Jugendfragen verantwortlichen Ministerien angesiedelt. In Schweden und Dänemark sind es z.B. Beamte der jeweiligen Ministerien selbst, die die Freigabeentscheidungen treffen. In den meisten anderen Ländern läuft die Filmprüfung, ähnlich wie in Deutschland, in Kommissionen von zwei bis 15 Personen ab, die in der Regel aus verschiedenen gesellschaftlichen und beruflichen Gruppen stammen.[84]

Wie in Deutschland, so wirken auch in Frankreich und Österreich Vertreter der Filmwirtschaft in der Freiwilligen Selbstkontrolle mit. In den Niederlanden ist es üblich, dass Prüfer mittels Zeitungsanzeigen gesucht und dann vom Vorstand der zuständigen Institution „Filmkeuring" auf ihre Tauglichkeit hin kontrolliert werden bevor sie zum Einsatz kommen. Dies sind jedoch Ausnahmen. In den meisten Ländern wirken Vertreter der Filmwirtschaft gar nicht oder nur in geringem Maße mit und es wird Wert auf eine Prüfpraxis durch „Fachleute" gelegt. Großbritanniens Verantwortliche achten z. B. sehr darauf, dass die Prüfer vom zuständigen „British Board of Filmclassification" (BBFC) hauptamtlich in der Filmfreigabe tätig sind und auch über pädagogische oder psychologische Fachkenntnisse verfügen.[85]

Sieht man von Schweden und Dänemark ab, so sind also überall in Europa Kommissionen und einzelne Prüfgremien in der Filmbewertung für den Jugendschutz tätig. Allerdings bestehen hierbei, wie vorweg aufgezeigt, erhebliche Unterschiede in deren Zusammensetzung und Bewertungsstrenge.

bb) Rechtliche Unterschiede und die Regelung der Altersfreigaben

Ein weiteres wichtiges Unterscheidungskriterium bei der Regelung der Filmfreigaben in den verschiedenen europäischen Ländern ist die rechtliche Basis. Neben der FSK in Deutschland wird nur die BBFC in Großbritannien, die auf keinem speziellen Jugendschutzgesetz basiert, nicht von staatlicher Seite geregelt.[86] In der Regel sind es also staatliche Stellen, die in Europa über die Freigaben entscheiden.

Nun stellt sich die Frage, ob dort, wo staatliche Stellen Verantwortung tragen anders entschieden wird als in Deutschland und Großbritannien. Diese Frage läßt sich zumindest beispielhaft dadurch beantworten, ob ein und derselbe Film im Kino in unterschiedlichen europäischen Ländern wesentlich unterschiedliche Freigaben erhält und wenn ja, weshalb?

---

[84] Vgl. von Gottberg, J.: Internationaler Jugendmedienschutz. In: Medien Praktisch – Zeitschrift für Medienpädagogik, Heft 02, Gemeinschaftswerk der Evangelischen Publizistik e.V., Frankfurt am Main 1999, S. 14.

[85] Vgl. von Gottberg, J.: Selbstkontrolle -ein Modell für Europa. In: tv diskurs – Verantwortung in audiovisuellen Medien, Schriftenreihe der Freiwilligen Selbstkontrolle Fernsehen, Heft 09, Nomos Verlagsgesellschaft, Baden – Baden 1999, S. 6f.

Bereits bei den Altersgruppierungen sind es in Europa differenzierte Festlegungen mit denen gearbeitet wird. In vielen Ländern ist die höchste Altersgrenze für eine Filmfreigabe nicht wie in Deutschland bei 18, sondern bei 16 Jahren angesetzt. Das ist z.B. in den Niederlanden, in Frankreich, in Österreich und einigen nordischen Ländern der Fall.[87] In Belgien ist dies sogar die einzige Altersbegrenzung. Wird dort ein Film freigegeben, so geschieht dies für alle Kinder und Jugendliche gleichermaßen ohne weitere Abstufungen zu treffen. Wird er aufgrund seines Inhalts kritisch eingeschätzt, erhält er die Bewertung „freigegeben ab 16 Jahren". Innerhalb Europas ist diese „Höchstgrenze" in Schweden mit „frei ab 15 Jahren" am niedrigsten angesetzt. Ein Regelungsbedarf für ältere Jugendliche wird dort also nicht mehr für nötig erachtet.

Die in Deutschland üblichen Alterseinstufungen „ohne Altersbeschränkung" und „freigegeben ab 6 Jahren" sind in allen anderen europäischen Ländern ungebräuchlich. So beginnt die Untergrenze z. B. in Schweden bei 11 Jahren und in Großbritannien und Frankreich im Alter von 12 Jahren, wobei hier jedoch die Alternative gängig ist, anstelle einer niedrigeren Altersgrenze die Einschränkung „nur in Begleitung der Eltern" anzusetzen.[88]

cc) Deutsche Filmfreigaben im europäischen Vergleich

Zusammenfassend lässt sich also festhalten, dass in keinem anderen europäischen Land bei der Filmfreigabe so stark zwischen den Entwicklungsstufen von Kindern und Jugendlichen differenziert und abgestuft wird, wie das in Deutschland der Fall ist. Diese mehrstufige Freigabepraxis wird jedoch im Zuge einer europäischen Annäherung der Altersfreigaben immer wieder auf ihre Aktualität und Effektivität hin hinterfragt.

---

[86] Ebd., S. 14f.

[87] Vgl. von Gottberg, J.: Jugendschutz in den Medien. Herausgegeben von der Freiwilligen Selbstkontrolle Fernsehen e. V., Berlin 1995, S. 74.

[88] Vgl. von Gottberg, J.: Internationaler Jugendmedienschutz. In: Medien Praktisch – Zeitschrift für Medienpädagogik, Heft 02, Gemeinschaftswerk der Evangelischen Publizistik e.V., Frankfurt am Main 1999, S. 14ff.

Diskutiert werden diese Unterschiede auch auf internationalen Tagungen von Vertretern der jeweils zuständigen Institutionen, die sich mit den Filmfreigaben in ihren Heimatländern beschäftigen. Eine solche Konferenz fand zuletzt im Oktober 2000 in Wien statt.[89] Dabei zeigte sich deutlich dass in Europa längst noch keine einheitliche Praxis geläufig ist.

„Wie schwierig und steinig der Weg einheitlicher Standards (nicht nur) in Europa ist bzw. sein wird, zeigte sich in der Diskussion über den Film `American Beauty` der vorher gemeinsam gesichtet worden war. Der hoch dekortierte Film (fünf Oskars) schöpfte nahezu die gesamte Bandbreite möglicher Alterseinstufungen aus: in Frankreich und Belgien beispielsweise ohne jegliche Alterseinschränkung, in der Bundesrepublik freigegeben ab 16 Jahren und in Großbritannien und Irland lediglich Erwachsenen vorbehalten."[90]

Beispiele dieser Art lassen sich im internationalen Vergleich mehrere finden. So erhielt auch der Film „Harry außer sich" quer über Europa verteilt annähernd die ganze Bandbreite an Altersfreigaben: in Frankreich wurde er ohne Altersbeschränkung freigegeben, in Dänemark und Schweden ab 11 Jahren. Von der FSK erhielt er ein „freigegeben ab 12 Jahren", in den Niederlanden stufte man ihn als „frei ab 16" ein und in Großbritannien wurde er - wie auch „American Beauty" - nur für Erwachsene vorgesehen und demzufolge mit „nicht freigegeben unter 18 Jahren" versehen.[91]

Auch wenn diese Beispiele nicht ausreichen, um eindeutige länderspezifische Aussagen über die Freigabesituation treffen zu können, kann man dennoch erste Tendenzen erkennen. Betrachtet man die Filmfreigaben der letzten Jahre im europäischen Vergleich, zeigt sich, dass Frankreich einer zumeist liberalen Freigabepraxis folgt. Eine schädigende Wirkung von Filminhalten wird dort in weniger Fällen angenommen und die Altersfreigaben werden verhältnismäßig niedrig angesetzt. In der Regel werden ca. 70 % der Kinofilme ohne Altersbegrenzung

---

[89] Vgl. Hilse, J.: Die Altersfreigaben von Filmen in Europa oder: Der mühsame Weg zur Einheit. In: tv diskurs – Verantwortung in audiovisuellen Medien, a.a.O., S. 9.
[90] Ebd.
[91] Vgl. http://www.fsk-online.de/main/index.html, Stand: 14.09.2002.

freigegeben.[92] In Großbritannien dagegen werden die Filmfreigaben anscheinend unter strengeren Gesichtspunkten erteilt als in Deutschland, was zur Folge hat, dass viele Kinofilme nur für Jugendliche ab 15 Jahren oder sogar erst ab dem 18 Jahren freigegeben werden.
Betrachtet man die angeführten Filmbeispiele und die von der FSK veröffentlichten internationalen Altersfreigaben hierzu, so sind die deutschen Einstufungen im europäischen Vergleich eher im oberen Mittelfeld anzusiedeln. Meist lag der Prozentsatz der Filme, die ohne Altersbegrenzung auf den Markt kamen unter 10 %.[93] Generell lässt sich hieraus folgern, dass das Prüfergebnis der FSK fast nie das liberalste oder das härteste Urteil in Europa darstellt, sondern tendenziell nahe beim Durchschnitt der Altersfreigaben liegt.

Obwohl die Bandbreite der Altersfreigaben innerhalb Europas, nicht immer in dem Maße ausgeschöpft wird, wie das bei „American Beauty“ oder „Harry außer sich“ der Fall war, werden Bewertungsunterschiede deutlich. Diese sind wohl auf mehrere länderspezifische Aspekte zurückzuführen. Traditionen, geschichtliche Hintergründe oder das soziale Gefüge innerhalb des jeweilige Landes sensibilisieren die Prüfer für je unterschiedliche Aspekte innerhalb eines Films, was schließlich zu divergierenden Freigaben führen kann. Der Weg zu einer Vereinheitlichung des europäischen Jugendschutzes, der im Zusammenhang mit Harmonisierungsbemühungen im Medienbereich diskutiert wird,[94] scheint sich also als ein „mühsamer Weg zur Einheit“[95] zu erweisen. Der Bedarf nach mehr Zusammenarbeit und regulativer Annäherung wird auch in den Worten der zuständigen Leiterin der Abteilung „Freigabe und Filmzensur“ Italiens deutlich, die die unterschiedlichen Altersabstufungen wie folgt kritisiert: „Schließlich sind Filme doch Produkte, die grenzenüberschreitend vertrieben werden. Und genauso sollte man auch mit ihrer Klassifizierung umgehen!“[96]

---

[92] Vgl. Schumann, Heribert: Zum Zustand des deutschen Jugendmedienschutzrechts. In: tv diskurs – Verantwortung in audiovisuellen Medien, Schriftenreihe der Freiwilligen Selbstkontrolle Fernsehen, Heft 15, Nomos Verlagsgesellschaft, Baden – Baden 2001, S. 91.
[93] Vgl. Ebd.
[94] Vgl. Grimm, J.: Kooperative Koregulierung statt punktuellen Staatsinterventionismus. In: tv diskurs – Verantwortung in audiovisuellen Medien, Schriftenreihe der Freiwilligen Selbstkontrolle Fernsehen, Heft 19, Nomos Verlagsgesellschaft, Baden – Baden 2002, S. 50ff.
[95] Ebd., S. 8f.
[96] Fortunato, M.-T.: Grenzen überschreiten – Nationalität bewahren. In: tv diskurs – Verantwortung in audiovisuellen Medien, Schriftenreihe der Freiwilligen Selbstkontrolle Fernsehen, Heft 19, Nomos Verlagsgesellschaft, Baden – Baden 2002, S. 9.

3. Die Entwicklung des Jugendschutzes im Fernsehen

a) Geschichtliche Hintergründe

Geschichtlich betrachtet lässt sich eine immer wiederkehrende Tendenz dazu finden, Jugendschutz - Richtlinien von bereits etablierten Medien auf neue Medienbereiche zu übertragen. Dies war und ist vor allem dann der Fall, wenn es zu Veränderungen in der Medienlandschaft kommt und neue Medien an Bedeutung gewinnen, weshalb der Blick zunächst kurz auf die Anfänge des Mediums Fernsehen gerichtet werden muss.

„Die filmische Unterhaltung [...] veränderte sich Ende der Fünfziger entscheidend. Immer stärker übernahm das Fernsehen die Rolle der täglichen Erzählapparatur."[97]

Erst gut zwei Jahrzehnte nach der Eröffnung des ersten regelmäßigen Fernsehprogrammbetriebs der Welt im Jahr 1935, dessen Ausbaupläne für die propagandistischen Ziele der Nationalsozialisten durch den Kriegsbeginn zunichte gemacht wurden, veränderte sich die Medienlandschaft und die tägliche Mediennutzung grundlegend. Bereits damals wurde dem jahrzehntelang nur öffentlich-rechtlich organisierten Fernsehen negative Konsequenzen sowohl für einzelne Rezipienten als auch die gesamte Gesellschaft zugeschrieben und vermehrte Kontrolle gefordert. [98]

Der Bedarf einer Rundfunkregulierung wurde erstmals 1971 per Rechtsprechung des Bundesverfassungsgerichts festgesetzt. Zum einen geschah dies aufgrund der vermeintlich negativen und weitreichenden Wirkung des Fernsehens und eines befürchteten unkontrollierten Missbrauchs des Rundfunks, dessen Gefahr durch die bereits erkennbare spätere Ausweitung zum dualen System noch höher eingestuft wurde.[99]

---

[97] Fischer, H.-D. et al.:100 Jahre Medien-Gewalt-Diskussion in Deutschland, a.a.O., S. 196.
[98] Vgl. Noelle – Neumann, E. et al.: Fischer Lexikon Publizistik Massenkommunikation, a.a.O., S. 482.
[99] Vgl. Eisermann, J.: Mediengewalt – Die gesellschaftliche Kontrolle von Gewaltdarstellungen im Fernsehen. Westdeutscher Verlag, Wiesbaden 2001, S. 83.

b) Die Landesmedienanstalten als Basisinstanz

Für den geforderten Jugendschutz im Fernsehen spielen seit ihrer Schaffung 1985 die Landesmedienanstalten eine bedeutende Rolle. Aufgrund der föderativen Struktur des Rundfunks existiert in jedem Bundesland eine eigenständige Landesmedienanstalt, mit Ausnahme der Medienanstalt Berlin-Brandenburg (MABB).[100] Heute sind dies also insgesamt 15 Anstalten. Diese sind staatsunabhängige Institutionen des öffentlichen Rechts, die selbst kein Programm veranstalten, aber für die Zulassung und Aufsicht desselben verantwortlich sind. „Sie bieten quasi das öffentlich-rechtliche Dach für den privaten Rundfunk."[101]

Ihr Aufgabenbereich beinhaltet die Lizenzvergabe für neue Sendefrequenzen und die Überwachung der privaten Programme dahingehend, ob sie den Anforderungen an die für den Rundfunk festgelegte Meinungsvielfalt entsprechen.[102] Die Anstalten haben auch zu kontrollieren ob die Sender, für die sie aufgrund der erteilten Lizenz zuständig sind, die Jugendschutzbestimmungen einhalten. Jedoch darf diese Kontrolle nicht in die Programmautonomie der Sender eingreifen. Wolfgang Donsbach beschreibt die Überwachung der gesetzlichen Jugendschutzvorschriften durch die Landesmedienanstalten wie folgt: „Die Programmkontrolle erfolgt kasuistisch: Man beschränkt sich darauf, Hinweisen und Beschwerden nachzugehen und die Einhaltung der Rechtsvorschriften selbst stichprobenartig zu überwachen."[103]

Trotz der langjährigen Tätigkeit der Landesmedienanstalten in der Programmüberwachung, welche unter großem finanziellen und personellen Aufwand erfolgt, finden sich auch kritische Stimmen.
Hierbei wird vor allem vorgebracht, die Landesmedienanstalten dürften erst dann tätig werden können, wenn vermeintlich jugendgefährdende Sendungen bereits ausgestrahlt worden sind, was auf dem im Grundgesetz verankerten Verbot der Vorzensur begründet ist. Hier wird also ein Defizit an einer Regulierung, die bereits vor der Ausstrahlung ansetzt, angesprochen. Dies führte dazu, dass die Länder, die ja für die gesetzlichen Rahmenbedingungen im Rundfunkstaatsvertrag verantwortlich

---

[100] Vgl. Holgersson, Silke: Fernsehen ohne Kontrolle? Westdeutscher Verlag, Opladen 1995, S. 92f.
[101] von Gottberg, J.: Jugendschutz in den Medien, a.a.O., S. 25.
[102] Vgl. Donsbach W.; Mathes R.: Rundfunk. In: Noelle – Neumann, Elisabeth et al.: Fischer Lexikon Publizistik Massenkommunikation, a.a.O., S. 505.
[103] Ebd., S. 506.

sind, mit den Ergebnissen der Programmkontrolle durch die Landesmedienanstalten nicht mehr vollkommen zufrieden waren.[104]

c) Der Weg zur „Freiwilligen Selbstkontrolle Fernsehen"

aa) Kritik an den Programminhalten der privaten Sender

Noch lauter wurden der Ruf nach neuen Regelungen für den Jugendschutz im Fernsehen mit der Einführung der privatwirtschaftlich-kommerziellen Fernsehprogramme Mitte der 80er Jahre und schließlich Anfang der 90er Jahre mit der Ausbreitung des westdeutschen dualen Rundfunksystems auf die neuen Bundesländer und damit Gesamtdeutschland.

Joachim von Gottberg sieht die Gründe für die damals stark zunehmende kritische Haltung gegenüber den privaten Veranstaltern in deren anfänglichem Programmangebot. Denn um neben dem etablierten öffentlich-rechtlichen Rundfunk auf dem Markt Stand halten zu können, „[...] wurden vor allem gekaufte amerikanische Filme und Serien ausgestrahlt, die weniger durch ihre Qualität als durch Gewalthandlungen und entsprechende Darstellungen auf sich aufmerksam machten."[105] RTL plus beispielsweise startete damals mit einem Programmbudget von umgerechnet jährlich ca. 12,5 Millionen Euro, was sich im Verlauf von rund 20 Jahren auf über eine Milliarden Euro erhöhte.[106] Diese „billigen" Programmeinkäufe aus Amerika in der Anfangszeit der privaten Fernsehsender waren zuvor im öffentlich-rechtlichen Fernsehen nicht zu sehen.

Ausschlaggebend war hierzu der Vorwurf, dass die Zunahme von gezeigten Gewaltdarstellungen im Fernsehen zu einem vermehrtem Auftreten von realen Gewalthandlungen im gesellschaftlichen Zusammenleben führen würde.[107] Dies

[104] Vgl. Czaja, D.: Gleiche Maßstäbe für die Sender. In: tv diskurs – Verantwortung in audiovisuellen Medien, Schriftenreihe der Freiwilligen Selbstkontrolle Fernsehen, Heft 04, Nomos Verlagsgesellschaft, Baden – Baden 1998, S. 63.

[105] von Gottberg, J.: Klare Verhältnisse – Gutachten der FSF haben in Zukunft ein starkes Gewicht. In: tv diskurs – Verantwortung in audiovisuellen Medien, a.a.O., S. 56.

[106] Vgl. Czaja, D.: Gleiche Maßstäbe für die Sender. In: tv diskurs – Verantwortung in audiovisuellen Medien, a.a.O., S. 63.

[107] Vgl. von Gottberg, J.: Jugendschutz in den Medien, a.a.O., S. 28

schien Vertretern aus Politik, Wissenschaft und Pädagogik eine ernst zu nehmende Bedrohung für die weitere gesellschaftliche Entwicklung zu sein.

bb) Die Gewalt- und Reality-TV-Debatten

Eine herausragende Rolle kam dabei einer Studie von Jo Groebel und Uli Gleich zu, die 1993 unter dem Titel „Gewaltprofil des deutschen Fernsehprogramms- Eine Analyse des Angebots privater und öffentlich-rechtlicher Sender" erschienen war. Anbei seien die Hauptaspekte für die öffentliche Jugendschutzdebatte aufgezeigt. Groebel und Gleichs Gewaltprofilanalyse bezog sich auf die Fernsehprogramme von ARD, ZDF, Sat1, RTL plus, Pro7 und Tele5. Die Analyse der Ausstrahlungen dieser Sender zeigte, dass in 47,7 Prozent der untersuchten Fälle aggressive und gewalthaltige Handlungen vorkamen. Bei den öffentlich-rechtlichen Sendern lag dieser Anteil mit beispielsweise 6,7 Prozent bei ARD verglichen mit 12,7 Prozent bei Pro7, deutlich niedriger.[108] Ausschlaggebend ist also, dass Groebel und Gleichs Ausführungen zufolge, die meisten Toten und Verletzten in den Programmen der privaten Anbieter zu sehen waren. Nur etwa 10 Prozent aller im Programm vorkommenden Gewaltakte waren Nachrichtensendungen zuzurechnen. Diesen billigten die Autoren eine höhere „Legitimation" für das Darstellen von Gewalt zu, da sie meist im Kontext mit möglichen politischen Motiven erfolgen und nicht isoliert gezeigt werden. Der weitaus größte Gewaltanteil entfiel also auf die fiktiven Sendungen der privaten TV-Sender.[109]
Kritisch kann hier angemerkt werden, dass in der Studie nicht hinterfragt wurde, ob das rein quantitative Zählen von Fernsehleichen irgendeine Aussagekraft hat, wenn man von qualitativen Gesichtpunkten absieht. So sterben in „Der Soldat James Ryan" zu Beginn sehr viele Soldaten auf recht grausame Weise und genau das macht seine kriegskritische und antimilitaristische Grundaussage aus, die als pädagogisch durchaus sinnvoll angesehen werden kann.

---

[108] Vgl. Groebel J., Gleich U.: Gewaltprofile des deutschen Fernsehprogramms. Eine Analyse des Angebotes privater und öffentlich-rechtlicher Sender. Schriftenreihe Medienforschung der Landesanstalt für Rundfunk Nordrhein-Westfalen, Bd.6, Opladen, 1993, S. 124f.
[109] Vgl. Ebd., S. 85f.

Gleichwohl waren die Ergebnisse der Studie um Groebel und Gleich mit ausschlaggebend dafür, den bestehenden Jugendschutz im Fernsehen von Seiten der Politik und Teilen der Öffentlichkeit in Frage zu stellen. Diese Debatten hatten aber nicht nur Auswirkungen auf die Neuregelung des Jugendschutzes bei den privaten Fernsehsendern, sondern auch bei den öffentlich-rechtlichen Anstalten.
Auch andere Aspekte, wie die Diskussion um das Reality–TV trugen deutlich zur Erhöhung der öffentlichen Aufmerksamkeit und der Mediengewaltdebatte bei.[110] Es wurden sogar Forderungen nach einem generellen Verbot dieser Shows und weiteren Genres laut, die sich bewusst auf – meist nachgestellte – Gewalthandlungen konzentrieren. Ein solches Verbot freilich ist unvereinbar mit dem Artikel 5 Absatz 1 Satz 3 des Grundgesetzes, dem Zensurverbot, und konnte deshalb nicht umgesetzt werden. Auf vermehrten Druck hin wurde den Sendern nunmehr nahegelegt zu handeln. In der Literatur ist hier gar von einer in der Süddeutschen Zeitung veröffentlichten „letzten Warnung“ der Medienanstalten die Rede. In dieser werden die Fernsehanbieter eindringlich aufgefordert, Gewaltdarstellungen in ihren Ausstrahlungen erheblich zu verringern und künftige Lösungen für die Praxis darzustellen, was zunehmend auf die Umsetzung einer Freiwilligen Selbstkontrolle hinauslief.[111] Aufgrund der meist positiven Erfahrungen in der Jugendschutzpraxis bei Kinofilmen, wurde u.a. von Seiten der Staatsanwaltschaft der Vorschlag laut, Grundgedanken der Arbeit der FSK auch in den Fernsehbereich hinein zu übernehmen.[112]

---

[110] Vgl. Eisermann, J.: Mediengewalt – Die gesellschaftliche Kontrolle von Gewaltdarstellungen im Fernsehen, a.a.O., S. 84
[111] Vgl. Ebd., S. 123
[112] Vgl. von Gottberg, J.: Klare Verhältnisse – Gutachten der FSF haben in Zukunft ein starkes Gewicht. In tv diskurs – Verantwortung in audiovisuellen Medien, a.a.O., S. 56

4. Die freiwillige Selbstkontrolle Fernsehen

a) Aufbau und Organisation

Ende 1993 wurde ein gemeinnütziger Verein, die Freiwillige Selbstkontrolle Fernsehen (FSF), mit dem Ziel ins Leben gerufen, einen besseren Jugendschutz im Fernsehen zu gewährleisten. Gründer und Mitglieder der FSF sind fast alle privaten TV-Anbieter, die bundesweit senden, mit Ausnahme der Musiksender. Diese „Selbstkontrolle" wurde von den privaten Veranstaltern eingerichtet um zu verhindern, dass weitergehende, möglicherweise einschneidende gesetzliche Neuregelungen nicht nur gefordert, sondern auch durchgesetzt werden.[113]

Betrachtet man den Aufbau der FSF, so lassen sich Parallelen zur FSK erkennen. Der Vorstand besteht aus sechs Personen, die für Organisation und Finanzen zuständig sind. Sie werden von den Mitgliedern selbst gewählt. Wie in der FSK, haben also auch hier Vertreter der privaten Anbieter Sitz und Stimme in der sie selbst kontrollierenden Institution. Eine Vermischung von Selbstkontrolle und staatlicher Kontrolle war nicht im Sinne der Landesmedienanstalten, weshalb sie eine zuerst angebotene Mitarbeit ablehnten.

Die Vorstandschaft selbst freilich ist an der Prüfpraxis nicht beteiligt. Diese Kompetenz fällt einem 15köpfigen Kuratorium zu, welches zu zwei Drittel aus neutralen Sachverständigen besteht, also aus Personen, die nicht in einem der privaten Sender beschäftigt sind.[114] Sie stammen entweder aus Jugendschutz-institutionen wie die BPjS, FSK, anderen medienpädagogischen Einrichtungen oder sind im psychologischen, pädagogischem oder kommunikationswissenschaftlichem Bereich in Forschung und Lehre tätig.[115]

Diese Pluralisierung der FSF-Selbstkontrolle ist notwendig um zu verhindern, dass sich die Bewertung der Programmangebote zu sehr nach den wirtschaftlichen Interessen der Sender richtet. Zweifelnde Stimmen an der Effektivität der

---

[113] Vgl. von Gottberg, J.: Vermittler zwischen unterschiedlichen Interessen – Mit freiwilliger Selbstkontrolle für mehr Jugendschutz im Fernsehen. In: tv diskurs – Verantwortung in audiovisuellen Medien, a.a.O., S. 54.

[114] Vgl. Ebd., S. 55.

[115] Vgl. Urban, A.: Freiwillige Selbstkontrolle des Fernsehens gefährdet! Forderung nach Korrektur. In: tv diskurs – Verantwortung in audiovisuellen Medien, Schriftenreihe der Freiwilligen Selbstkontrolle Fernsehen, Heft 13, Nomos Verlagsgesellschaft, Baden – Baden 2000, S. 11.

„selbstkontrollierenden" Jugendschutzpraxis waren zuvor bereits gegenüber der FSK laut geworden.

Auch nach der Gründung der FSF mit Sitz in Berlin wurde die Wirksamkeit einer solchen (Selbst)-Kontrolle zunächst in Zweifel gezogen. Es wurde vermutet, die Ergebnisse der Prüfentscheide würden sich stark nach den Wünschen der Antragsteller richten. Dies sind in dem Fall die Sender selber, die natürlich auch wirtschaftliche Interessen daran haben einen Film zur Hauptsende- und Werbezeit ausstrahlen zu dürfen. Die Bedenken, vor allem von Seiten der Landesmedienanstalten, wurden aber bald gemildert. Denn kurz nach Aufnahme der Prüfungen war statistisch erkennbar, dass etwa ein Drittel der begutachteten Filme nicht die Alters- und somit Sendezeitfreigabe erhielt, welche von den Antragstellern angestrebt worden war.[116]

Weitere Parallelen zur FSK lassen sich bei der Erstellung von Prüfgutachten finden, denn diese orientieren sich, so Eisermann, in Form und Aufbau an den FSK-Gutachten.[117]

b) Konsequenzen der FSF-Praxis für die Sender

Um einen Schritt näher an die praktische Umsetzung und die Konsequenzen der von der FSF gefällten Entscheidungen für die Sender heranzugehen, soll nun auf den Zusammenhang zwischen Altersfreigabe und Sendezeit eingegangen werden. Im letzten Kapitel wurden als Grundlage hierfür die Alterskennzeichnungen von Kinofilmen durch die FSK erläutert.

Welche Konsequenzen haben diese auf die Ausstrahlung im Fernsehen? Generell gilt, dass Kinofilme oder Filme auf VHS/DVD, die von der FSK geprüft wurden und später im Fernsehen ausgestrahlt werden sollen, nur zu festgelegten Tages- bzw. Nachtzeiten gezeigt werden dürfen. Diese Zeitgrenzen basieren auf der Annahme, dass zu bestimmten Zeiten zum größten Teil nur noch Kinder und Jugendlichen eines bestimmten Alters vor dem Fernsehgerät sitzen. Rechtlich ist festgehalten,

[116] Vgl. von Gottberg, J.: Klare Verhältnisse – Gutachten der FSF haben in Zukunft ein starkes Gewicht. In: tv diskurs – Verantwortung in audiovisuellen Medien, a.a.O., S. 57.

[117] Eisermann, J.: Mediengewalt – Die gesellschaftliche Kontrolle von Gewaltdarstellungen im Fernsehen, a.a.O., S. 113.

dass der Veranstalter davon ausgehen darf, dass beispielsweise das Programm nach 23 Uhr zum Großteil Zuschauer über 18 Jahren wahrnehmen.[118] Hierfür können die Jugendschützer natürlich keine Gewähr geben, sie benötigen jedoch bestimmte Fixpunkte für die tägliche Jugendschutzpraxis und müssen auch auf Eigenverantwortung und medienkompetentem Handeln der Eltern setzen dürfen.

Die Zeitgrenzen sind, in dem für das Fernsehen relevanten Rundfunkstaatsvertrag festgehalten. Entscheidend sind hier die Ausführungen in § 3 Abs. 2, aus denen hervorgeht, dass Sendungen, die nicht für Jugendliche unter 18 Jahren freigegeben sind erst ab 23.00 Uhr ausgestrahlt werden dürfen. Für eine Freigabe ab 16 Jahren gilt, dass die früheste abendliche Sendezeit bei 22.00 Uhr liegt. [119] Wollen die Sender einen Beitrag programmieren der die Altersfreigabe „freigegeben ab 12 Jahren" erhielt, so müssen die Sender auf das Wohl der Jüngsten dieser Altersgruppe 12 bis 15 Jahren achten und sollen ihn nicht vor 20.00 Uhr im Programm platzieren.[120] Von diesen gesetzlichen Vorgaben sind unter bestimmten Bedingungen, z.B. wenn ein Beitrag geschnitten wird, Ausnahmegenehmigungen möglich, über die die Landesmedienanstalten letztlich entscheiden.

c) Neuregulierungen des Jugendschutzes im Fernsehen

aa) Die Kennzeichnung von Filmen

Seit dem 1. April 2000 sind mit dem 4. Rundfunkänderungsstaatsvertrag einige neue Regelungen eingeführt worden, die den Jugendschutz im Fernsehen betreffen und im Folgenden erläutert werden.
Neu vorgeschrieben wurde hierzu die Kennzeichnung von potentiell jugendgefährdenden Sendungen. Dies bedeutet, dass Filme, die aus Gründen des Jugendschutzes eine Freigabe „ab 16 Jahren" oder „nicht freigegeben unter 18 Jahren" erhalten haben, und somit nur nach 22.00 bzw. 23.00 Uhr ausgestrahlt werden dürfen, zusätzlich gekennzeichnet werden müssen. Erfolgen kann dies nach

---

[118] Vgl. Media Perspektiven Dokumentation: Staatsvertrag über den Rundfunk im vereinten Deutschland in der Fassung des vierten Rundfunkänderungsstaatsvertrags, a.a.O., S. 4.
[119] Vgl. Ebd.

§ 3 Abs. 4 RStV entweder durch eine akustische Ankündigung vor Beginn der betreffenden Sendung oder in optischer Form während der gesamten Ausstrahlung.[121] Achtet man einmal bewußt darauf, wird deutlich, dass die deutschen Fernsehsender in den meisten Fällen mit der akustischen „Warnung" arbeiten. Zusätzlich dazu wird meist noch eingeblendet, dass der folgende Film für Jugendliche unter 16 bzw. 18 Jahren nicht geeignet ist.

Aus der Sicht des professionellen Jugendschützers ist diese Regelung auch kritisch zu betrachten. „Unter Jugendschutzexperten ist die Effektivität einer solchen Kennzeichnung wegen des sogenannten Verbotenen-Frucht-Effekts allerdings nach wie vor umstritten."[122] Denn es könnte für die betreffende Zuschauergruppe, für die der Film laut Ankündigung nicht geeignet ist, geradezu ein Anreiz sein werden, den Film dennoch oder „dann erst recht" zu konsumieren.

bb) Das Sendeverbot indizierter Filme

Die zweite wichtige Neuregelung betrifft indizierte Filme. Vor dem Inkrafttreten des 4.Rundfunkänderungsstaatsvertrags war es den Sendern prinzipiell erlaubt, in der Zeit zwischen 23.00 und 6.00 Uhr indizierte Filme zu senden. Diese durften jedoch nicht als schwer jugendgefährdend gelten, was bis dahin von einem Prüfausschuss der FSF festgestellt wurde. Nun wurde im §3 Abs.5 ein generelles Verbot für die Ausstrahlung von Sendungen formuliert, die auf dem Index stehen. Jedoch gibt es auch hier Ausnahmeregelungen. Denn auf Antrag der privaten Sender können die Landesmedienanstalten und bei den öffentlich-rechtlichen Fernsehanbietern der Rundfunkrat, auch weiterhin die Ausstrahlung nicht mehr schwer jugendgefährdender, indizierter Filme genehmigen. Die Sendezeit bleibt hier die selbe.

Diese Ausnahmemöglichkeit lässt die Neuregelung auf den ersten Blick halbherzig erscheinen. Andererseits mag es jugendschützerisch plausibel sein, Ausnahmen für den Fall zuzulassen, dass ein indizierter Film, um genau die Stellen gekürzt wurde, die ursprünglich zu der schweren Jugendgefährdung und damit seiner Indizierung

---

[120] Ridder, C.-M.: Paradigmenwechsel im Jugendmedienschutz? In: Media Perspektiven, Arbeitsgemeinschaft der WHeft 5, Frankfurt am Main 2000, S. 216.

[121] Vgl. Media Perspektiven Dokumentation: Staatsvertrag über den Rundfunk im vereinten Deutschland in der Fassung des vierten Rundfunkänderungsstaatsvertrags, a.a.O., S. 4.

[122] Ridder, Christa-Maria: Paradigmenwechsel im Jugendmedienschutz? In: Media Perspektiven, Heft 5, Arbeitsgemeinschaft der ARD – Werbegesellschaften (Hrsg.), Frankfurt am Main 2000, S. 213f.

durch die BPjS geführt haben. Auch Christa-Maria Ridder, die den Paradigmenwechsel im Jugendschutz erforscht, bezweifelt die Effektivität dieses „Sendeverbots".

„Vor diesem Hintergrund mag tatsächlich bezweifelt werden, ob sich durch die Neuregelung an der Ausstrahlungspraxis indizierter Filme im kommerziellen Fernsehen Grundsätzliches ändern wird. Eher scheint es so, als ob mit der Formulierung des Ausstrahlungsverbots (mit Hintertür) vor allem auf die öffentliche Diskussion um indizierte Filme und die Forderung von Politikern nach einem Verbot im Fernsehen formal reagiert wurde, ohne aber eine wirkliche Einschränkung vorzunehmen oder auch ein grundsätzliches Verbot durchsetzen zu wollen."[123]

cc) Sendezeitbeschränkungen für Formate

Die dritte Änderung bezieht sich auf die Möglichkeit in Einzelfällen für ganze Formate Beschränkungen bei der Sendezeit zu erlassen, wenn nach § 3 Abs. 7 des 4.Rundfundänderungsstaatsvertrages „[...] deren Ausgestaltung nach Thema, Themenbehandlung, Gestaltung oder Präsentation in einer Gesamtbewertung einem Verstoß nach Absatz 2 Satz 1 1.Halbsatz gleichkommt."[124] Die Sendeformate dürfen also nicht dazu geeignet sein, das körperliche, geistige oder seelische Wohl von Kindern oder Jugendlichen zu schädigen, was besonders im Zusammenhang mit den nachmittäglichen Talkshows der Privaten, berechtigt oder unberechtigt, immer wieder heftig kritisiert wurde. Als bedenklich wird ein unterstellter Akkumulationseffekt empfunden, wonach bedenkliche Medieninhalte sich in ihren negativen Auswirkungen akkumulieren, wenn die Nutzer solche Inhalte regelmäßig konsumieren.[125]

Diese Talkshow – Debatte hatte u.a. zur Folge, dass sich die privaten Sender, auf öffentlichen Druck und Interventionen der Landesmedienanstalten hin, einen eigenen Verhaltenskodex auferlegten. In diesem sogenannten „Code of Conduct" verpflichteten sich die Sender hausintern verstärkt auf die Einhaltung einer gewissen

---

[123] Ebd., S. 214.
[124] Media Perspektiven Dokumentation: Staatsvertrag über den Rundfunk im vereinten Deutschland in der Fassung des vierten Rundfunkänderungsstaatsvertrags, a.a.O., S. 4.

Streitkultur und Vermeidung von nur inadäquat aufbereiteten oder problematischen Themen zu achten. Hierbei handelt es sich z. B. um spezielle Spielarten von Sexualität, bestimmte Formen von Gewalt wie Vergewaltigung und Kindesmissbrauch, Gewalt in der Ehe oder verharmlosende Darstellungen von Straftaten. Auch eine verunglimpfende Darstellungen von Minderheiten und vor allem Kinder belastende Darstellungen von Beziehungskonflikten soll vermieden werden.[126]
Bei Verstößen gegen diesen selbst auferlegten Verhaltenskodex beschränken sich die Landesmedienanstalten meist auf Beanstandungen und Appelle den eigenen „Code of Conduct" einzuhalten. Eine bereits angedrohte Sendeverschiebung von Talkshows auf den späteren Abend, die nach der neuen Regelung möglich wäre, wurde vom damals betroffenen Sender erfolgreich abgewehrt. Keine der beiden Seiten wollte sich jedoch auf eine gerichtliche Auseinandersetzung einlassen, in welcher zu prüfen gewesen wäre, ob dieser Gesetzespassus nicht einen Verstoß gegen die vom GG ausgeschlossene Vorzensur darstellt. Eine Zahlung für ein Jugendmedienprojekt verhinderte, dass die Landesmedienanstalten die Drohung umsetzten und somit eventuell Einbußen bei den Werbeeinnahmen zu verzeichnen gewesen wären. [127] Eine Um- bzw. Durchsetzung der neuen Bestimmung des Abs.7 ist, zumindest laut Ridder, eher nicht zu erwarten.

Zusammenfassend betrachtet können die letzten gesetzlichen Änderungen zum Jugendschutz sowohl in ihrer Sinnhaftigkeit als auch in ihrer praktischen Umsetzbarkeit durchaus bezweifelt werden. Über die drei zuletzt aufgeführten Neuregulierungen lassen sich ähnliche Aussagen treffen. Die Ansätze spiegeln zwar die Brisanz der Thematik Jugendschutz wieder, die immer wieder Forderungen nach einer Neuregelungen nach sich ziehen. Auf der anderen Seite zeigt sich jedoch auch, dass gesetzliche Änderungen oft lediglich populistische Umsetzungen in der Praxis und daher nicht immer die erwünschte Effektivität erreicht.

[125] Vgl. Ridder, C.-M.: Paradigmenwechsel im Jugendmedienschutz? In: Media Perspektiven, a.a.O., S. 214.
[126] Vgl.: ProSieben Jugendschutz-Richtlinie für Daily Talk (siehe Anhang A.V)
[127] Vgl. Ridder, C.-M.: Paradigmenwechsel im Jugendmedienschutz? In: Media Perspektiven, Heft 5, 2000, S. 214.

5. Die Jugendschutzbeauftragten der Sender

Im folgenden Kapitel wird nun die praktische Jugendschutzarbeit innerhalb eines Privatsenders und die Funktion des Jugendschutzbeauftragten näher beleuchtet. Dargestellt werden soll die Umsetzung der rechtlichen Regulierungen, die Zusammenarbeit mit den einzelnen Institutionen bis hin zum Alltag eines Jugendschützers.

Seit 1994 ist jeder Sender dazu verpflichtet einen Jugendschutzbeauftragten zu beschäftigen. Dies wurde bereits im 1. Rundfunksänderungsstaatsvertrag von 1994 festgehalten.[128] Die Berufsbezeichnung „Jugendschutzbeauftragter" ist erst mit der Gründung der FSK im Jahre 1949 entstanden. Zuvor wurde der Begriff des „Zensors" verwendet, der aber heute, nicht zuletzt auf Grund des im Grundgesetz verankerten Zensurverbots, nicht mehr verwendet werden kann.[129]

a) Jugendschutzbeauftragte und ihre Aufgaben in privaten TV-Sendern

aa) Die Programmsichtung

Das Aufgabenfeld der Jugendschutzbeauftragten der Sender umfasst eine weite Bandbreite von Tätigkeiten. Ein Großteil der Arbeitszeit besteht darin, Programme, also sowohl Spielfilme, Serien, Talkshows als in Einzelfällen auch Dokumentationen und Berichte, vor der Ausstrahlung zu sichten. Dies bedeutet, dass sie von den Jugendschützern dahingehend begutachtet werden, ob sie problematische Sequenzen enthalten und gegebenenfalls geschnitten oder zu einer späteren Sendezeit platziert werden müssen.

Zum einen geschieht dies aus der Verantwortung heraus den Jugendschutzkriterien gerecht zu werden, Kinder und Jugendliche also vor ungeeigneten Medieninhalten zu schützen, zum anderen auch, um eine Beanstandung der Landesmedienanstalten bis hin zur Klage für den jeweiligen TV-Sender zu vermeiden.

---

[128] Vgl. Mikat, C.: Die Arbeit der Jugendschutzbeauftragten im Fernsehsender. In: tv diskurs – Verantwortung in audiovisuellen Medien, a.a.O., S. 38.

[129] Vgl. Eisermann, J.: Mediengewalt – Die gesellschaftliche Kontrolle von Gewaltdarstellungen im Fernsehen, a.a.O., S. 113.

Bei FSK-geprüften Filmen bestimmen, wie bereits erläutert, die jeweiligen Altersfreigaben über die Sendezeit. Eingekaufte TV-Movies oder Serien, die der FSK nicht vorlagen, müssen von den Jugendschutzredakteuren der Sender zunächst selbst eingeschätzt und der FSF vorgelegt werden. Aufgrund der Fülle des Programms und aus Kostengründen (jede Prüfung kostet zwischen 500 und 1000 Euro) ist es jedoch nicht möglich beispielsweise jede Folge einer Serie durch die FSF prüfen zu lassen. In der Praxis wird dieses Problem meist so gelöst, dass der FSF vom betreffenden Sender eine Auswahl von Folgen einer Serienstaffel vorgelegt wird, die im Hinblick auf die beantragte Sendezeit geprüft werden sollen. Im Zweifelsfall empfiehlt die FSF eine kritische Folge nicht auf dem vorgesehenen Sendeplatz zu senden.[130] Werden einzelne Folgen von der FSF für die vorgesehene Ausstrahlungszeit abgelehnt, besteht für die Sender häufig die Möglichkeit durch Schnitte doch noch eine Ausstrahlungsempfehlung für die gewünschte Sendezeit zu erlangen.

bb) Die Programmbearbeitung

Was den Alltag der Jugendschützer neben der Sichtung weiter bestimmt, ist die Bearbeitung des Fernsehprogramms. Beurteilt also der Jugendschutzbeauftragte eines Senders z. B. eine Folge einer Serie, die generell nachmittags ausgestrahlt werden kann, als kritisch, kann er problematische Sequenzen bearbeiten, bzw. entfernen. Dies kann nur dann geschehen, wenn dadurch Inhalt und Aussage des Beitrags nicht verfälscht werden. Ist dies nicht erreichbar, müssen unter Umständen einzelne Folgen herausgenommen oder zu einem späteren Zeitpunkt gesendet werden. So gab aus diesem Grunde z.B. besondere Akte X-Events, bei denen zwei Folgen direkt hintereinander im Hauptabendprogramm ausgestrahlt wurden, weil die spätere Episode aus Jugendschutzgründen nicht schon ab 20.00 Uhr einsetzbar war. Die Prüfer der FSF können ihre Gutachten auch selbst mit Schnittauflagen versehen. Sie können also dem Antrag eines Filmes auf die beantragte Ausstrahlungszeit unter der Voraussetzung stattgeben, dass bestimmte Szenen von den Jugendschutzbeauftragten geschnitten werden, bevor er gesendet werden kann.[131] Ein Beispiel

---

[130] Vgl. Mikat, C.: Die Arbeit der Jugendschutzbeauftragten im Fernsehsender. In: tv diskurs – Verantwortung in audiovisuellen Medien, a.a.O., S. 38f.

[131] Vgl. Ebd., S.39f.

aus der Jugendschutzableitung des Senders RTL soll hierzu einen Einblick in die tägliche Praxis liefern.

„Auf einer Waldlichtung wird gekämpft. [...] Es wird getreten, geschlagen und gestochen, z.T. in akrobatischer Manier, aber auch detailverliebt brutal. Einer der Männer wird durch einen gezielten Schwertstoß ins Herz hingerichtet, einem anderen wird ein Arm abgetrennt, der dann blutleer über eine Sekunde in Großaufnahme auf dem Rasen liegt. [...] Karla Durchleuchter, Cutterin und Mitarbeiterin der Abteilung Jugendschutz bei RTL fährt zum Anfang der Szene zurück und erklärt, wie sie diese für den vorgesehenen Sendeplatz im Tagesprogramm bearbeiten wird. „Zunächst eine Totale, damit man sieht, daß sie aus dem Wald kommen und zu kämpfen beginnen...und hier geht es los" – zu sehen ist der erste Zweikampf in Halbnahstellung – „alles, was jetzt kommt, nehme ich weg" – es entfallen Großaufnahmen mit schmerzverzerrten Gesichtern, ein Schnitt durch eine Kehle und natürlich der Arm [...]. Von der ausgespielten Hau- und Stechszene in dieser Folge der amerikanischen Serie Herkules ist eine unspektakuläre Rangelei geblieben, wie sie in jedem Mantel- und Degenfilm vorkommt." [132]

Solche Schnittfassungen werden von den Jugendschutzbeauftragten auch dann erstellt, wenn z.B. der jeweilige Sender plant einen FSK16-Film nicht wie vorgeschrieben um 22.00 Uhr, sondern bereits zur „Prime Time" um 20.00 Uhr zu senden. Dies kann für die Sender im Hinblick auf die Werbeeinnahmen von großem Interesse sein.

In diesem Fall müssen die Mitarbeiter der Jugendschutzabteilung für die Originalversion des Films oder die bereits erstellte Schnittfassung nicht nur eine Ausnahmegenehmigung bei der FSF, sondern hiernach noch die der zuständigen Landesmedienanstalt einholen.

Eine weitere Möglichkeit wäre in diesem Fall, die erstellte Schnittfassung des Films, der ursprünglich die Alterskennzeichnung „freigegeben ab 16 Jahren" erhalten hat, nochmals der FSK vorzulegen und eine 12er-Freigabe zu beantragen. Wird dem Antrag nicht stattgeben und dies vom Sender z. B. wegen einer in seinen Augen nicht plausiblen Begründung im Jugendentscheid nicht akzeptiert, ist es wiederum die Aufgabe des Jugendschutzbeauftragten ein Berufungsverfahren durchzuführen.

---

[132] Ebd., S.38

Hierzu müssen Begründungen verfasst und die gewünschte Ausstrahlungszeit gegebenenfalls bei den Ausschüssen vor Ort verteidigt werden.[133]
Zusammenfassend wird hier deutlich, dass die Jugendschutzabteilung ein Zwischenglied zwischen den Sendern und den zuständigen Jugendschutzinstitutionen darstellen.

cc) Die beratende Funktion der Jugendschützer

Ein weitere wichtige Aufgabe stellt die beratende Funktion der Jugendschutzbeauftragten dar. Diese ist vor allem dann gefragt, wenn es sich um Eigenproduktionen der Sender handelt. Besonders bei kostenintensiven Produktionen ist es wichtig, dass Fragen des Jugendschutzes so früh wie möglich - im günstigsten Fall bereits bei der Erstellung des Drehbuchs - geklärt werden. Bereits im Vorfeld soll so vermieden werden, dass es aufgrund jugendschutzrelevanter Aspekte später bei der Ausstrahlung zu Problemen mit den Landesmedienanstalten und der FSF kommt.[134] Hier ist anzumerken, dass es bei einer teuren Eigenproduktionen bedeutend ist, diese in der Prime-Time ausstrahlen zu können, da sie sich ansonsten nicht refinanzieren kann. Der Dialog zwischen der jeweiligen Produktionsfirma und der Jugendschutzabteilung der Sender spielt also eine wichtige Rolle.
Aber auch innerhalb der einzelnen Redaktionen des Senders sind die jeweiligen Jugendschützer beratend tätig. Greift ein Redakteur eines Boulevard- oder Infotainment - Magazins beispielsweise in einem Beitrag ein brisantes Thema auf oder stößt bei der redaktionellen Umsetzung auf Fragen des Jugendschutzes, wird der Rat der zuständigen Jugendschutzbeauftragten eingeholt. Weiterhin befassen sich die Jugendschützer der Sender auch mit Zuschaueranfragen, die von aufgebrachten und um das Wohl ihrer Kinder besorgten Eltern bis hin zu Beschwerden von Filmliebhabern reichen können, die sich über eine Schnittfassung empören.

---

[133] Vgl. Arbeitsplatzbeschreibung: Redakteur/Redakteurin in der Abteilung Jugendschutz & Programmberatung (siehe Anhang A.IV)
[134] Vgl. Mikat, C.: Die Arbeit der Jugendschutzbeauftragten im Fernsehsender. In: tv diskurs – Verantwortung in audiovisuellen Medien, a.a.O., S. 42f.

Was bereits auf dieser Ebene der Rezipienten deutlich wird, kann zusammenfassend auf das gesamte Tätigkeitsfeld der Jugendschutzbeauftragten der Sender übertragen werden. Wie die Jugendschützer also im Bezug auf die Fernsehnutzer stets zwischen den verschiedensten Erwartungen abwägen müssen, so ist dies auch beim tagtäglichen Spagat der Jugendschützer zwischen den wirtschaftlichen Interessen des Senders und denen des Jugendschutzes der Fall.

Bei den Jugendschützern der Fernsehsender hat sich daher aus der Spruchpraxis von FSK und FSF und den täglichen Erfahrungen eine gewisse Routine dahingehend entwickelt, Inhalte zu erkennen, die problematisch sind und auch von den Landesmedienanstalten kritisiert würden. Diese basiert auf den rechtlichen und im Rundfunkstaatsvertrag festgehaltenen Rahmenbedingungen, die im ersten Kapitel der vorliegenden Studie erläutert wurden. Gerade diese Tätigkeit, nicht mit eindeutigen Wenn-dann-Kriterien operieren zu können, sondern auf zunehmende Erfahrung zurückgreifen zu müssen kann auch als „the kind of job you learn by doing" (Eisermann, 2001, S.113, zitiert nach Schober, 1990) bezeichnet werden.

b) Die Jugendschutzbeauftragten der öffentlich-rechtlichen Sender

Um eine Gleichbehandlung beider Systeme des dualen Rundfunks in Deutschland sicherzustellen, wurde mit Inkrafttreten des 1. Rundfunkänderungsstaatsvertrags auch den öffentlich-rechtlichen Sendern vorgeschrieben eine/n Jugendschutzbeauftragte/n abzustellen.[135] Die Umsetzung dessen soll im folgenden anhand von ARD und ZDF erläutert werden.

[135] Vgl. Mohr, I.: Jugendschutz im öffentlich – rechtlichen Fernsehen – Die Praxis in der ARD. In: tv diskurs – Verantwortung in audiovisuellen Medien, Schriftenreihe der Freiwilligen Selbstkontrolle Fernsehen, Heft 09, Nomos Verlagsgesellschaft, Baden – Baden, 1999, S. 76.

aa) Die Praxis in der ARD

Inge Mohr, Jugendschutzbeauftragte der öffentlich-rechtlichen Rundfunkanstalten, beschreibt die Übertragung der Verantwortlichkeit dieser Aufgabe am Beispiel der ARD so, dass „[...] zumeist jene Kollegen und Kolleginnen mit der Funktion der/des Jugendschutzbeauftragten betraut wurden, die sich bereits im Rahmen ihrer Aufgabengebiete mit Frage des Jugendmedienschutzes befaßt hatten und daher die vom Gesetzgeber geforderte Kompetenz mitbrachten."[136] Da die ARD jedoch keinen einzelnen Sender, sondern die Arbeitsgemeinschaft der Rundfunkanstalten Deutschland darstellt, verfügt sie über keinen speziellen Jugendschutz-beauftragten.[137]
Um die gesetzlichen Aufgaben, nämlich „[...] den Intendanten oder die sonstigen Programmverantwortlichen in allen Fragen des Jugendschutzes zu beraten"[138] zu erfüllen, sind bei der ARD die Jugendschutzbeauftragten der jeweiligen Rundfunkanstalt für die Inhalte zuständig, die sie für die Ausstrahlung im gemeinsamen Ersten Fernsehprogramm liefern. Bei gemeinsamen Einrichtungen ist jeweils der örtlich ansässige Jugendschutzbeauftragte zuständig. Im Arbeitskreis der öffentlich-rechtlichen Anstalten findet hierzu mehrmals jährlich ein Erfahrungsaustausch zwischen den Verantwortlichen für Fragen des Jugendschutzes statt.[139] Ziel sind einheitlichere Maßstäbe im Bereich des Jugendmedienschutzes, ein Bestreben, dessen Umsetzung sich, wie im Verlauf dieser Studie u.a. im internationalen Vergleich aufgezeigt, nicht einfach gestaltet.

Generell lässt sich sagen, dass den Jugendschutzbeauftragten der ARD-Anstalten ähnliche beratende und programmbezogene Tätigkeitsfelder obliegen, wie ihren Kollegen in den Jugendschutzabteilungen der Privatsender. Jedoch nehmen erstere ihre Aufgaben nicht hauptamtlich war und die letztendliche Programmverantwortung liegt bei den Intendanten der jeweiligen Landesrundfunkanstalt. Weiter sind rein

---

[136] Vgl. Ebd.
[137] Vgl. Stuiber, H.-W.: Medien in Deutschland, a.a.O., S. 211ff.
[138] Media Perspektiven Dokumentation: Staatsvertrag über den Rundfunk im vereinten Deutschland in der Fassung des vierten Rundfunkänderungsstaatsvertrags, a.a.O., S. 5.
[139] Mohr, I.: Jugendschutz im öffentlich – rechtlichen Fernsehen – Die Praxis in der ARD. In: tv diskurs – Verantwortung in audiovisuellen Medien, a.a.O., S. 76.

quantitativ gesehen die von den Jugendschutzbeauftragten zu bewertenden Inhalte bei den öffentlich-rechtlichen Sendern geringer als bei den privaten Sendern.[140] Obgleich im dualen Rundfunksystem immer häufiger von einer zunehmenden Konvergenz, also auch einer programmlichen Annäherung, die Rede ist, können die Gründe dafür in einem unterschiedlichen Schwerpunkt des Programminhaltes der privaten und öffentlichen Fernsehsender angesiedelt sein.

bb) Die Praxis im ZDF

Dieter Landmann, Jugendschutzbeauftragter für das ZDF sieht die Basis seiner Tätigkeit wie folgt: „Für den öffentlich-rechtlichen Rundfunk gilt auch im Bereich des Jugendschutzes das diesem spezifische Prinzip der Eigenverantwortung."[141] Damit bezieht er sich auf die Verantwortlichkeit der zuständigen Redakteure, die darauf zu achten haben, dass ihre jeweiligen Sendungen mit den Jugendschutzbestimmungen vereinbar sind. Trotz dieser Verantwortung auf redaktioneller Ebene ist es die Aufgabe des Jugendschutzbeauftragten Empfehlungen einzubringen und in Einzelfällen spezielle Inhalte genau zu prüfen.
Da der Jugendschutzbeauftragte des ZDF auch für die Programmzulieferungen an ARTE Deutschland TV GmbH, zum Kinderkanal, sowie Phoenix zuständig ist, wird aufgrund der Fülle von Programminhalten deutlich, dass es ihm nicht möglich ist, alle vorher zu sichten und gegebenenfalls zu bearbeiten. Daher spielt auch die Eigenverantwortung der Redaktionen eine wichtige Rolle.
Auch die öffentlich-rechtlichen Sender sind bezüglich der Kriterien und Maßstäbe nach denen Jugendschutz betreiben wird, um eine Annäherung bemüht. Ein Unterschied zwischen ARD und ZDF läßt sich jedoch finden, denn die ARD arbeitet unter dem Gesichtspunkt bis 22.00 Uhr Sendungen auszustrahlen, die von der ganzen Familie gesehen werden können. Das ZDF gibt dies betreffend an, nur bis zum Hauptabendprogramm, welches um 20.15 Uhr beginnt, Familientauglichkeit zu gewährleisten.[142]

---

[140] Vgl. Ebd., S. 81.
[141] Vgl. Landmann, D.: Jugendschutz im öffentlich – rechtlichen Rundfunk – Die Praxis im ZDF. In: tv diskurs – Verantwortung in audiovisuellen Medien, Schriftenreihe der Freiwilligen Selbstkontrolle Fernsehen, Heft 10, Nomos Verlagsgesellschaft, Baden – Baden, 1999, S. 26.
[142] Vgl. Ebd., S. 27.

Ein nicht zu vernachlässigender Aspekt ist abschließend, dass die Landesmedienanstalten bei Verstößen der öffentlich-rechtlichen Anstalten, wie es z.B. bei gelegentlicher „Tatort - Folgen" durchaus der Fall sein kann, keine Sanktionsmöglichkeiten haben.

Zusammenfassend ist festzuhalten, dass der Alltag eines Jugendschutzbeauftragten in beiden Teilsystemen des dualen Rundfunks auf den selben rechtlichen Rahmenbedingungen und Grundsätzen basiert, jedoch von ihrer Intensität her betrachtet zwischen den Sendern variiert, was Claudia Mikat, Leiterin der Geschäftsstelle der FSF, auf folgende Komponente zurückführt: „Welche Formate in welchem Umfang relevant für den Jugendschutz sind, hängt von Programmangebot und –struktur des Senders ab."[143]

6. Der Blick auf die Rezipientenseite- eine Überleitung

Wenngleich sich tendenzielle Unterschiede in der Jugendschutzarbeit der einzelnen Sendern finden, sind sowohl die Jugendschutzbeauftragten als auch die Prüfer der vorgestellten Institutionen jeden Tag aufs neue gefordert, wenn es darum geht, Film- und Fernsehinhalte bezüglich ihrer Wirkung auf Kinder und Jugendliche einzuschätzen.
„Woher wissen sie eigentlich, was für Kinder gut und schlecht im Fernsehen ist?"[144] Mit dieser und ähnlichen Fragen sehen sich die Verantwortlichen immer wieder konfrontiert wenn sie den Kontakt zu den Rezipienten, den eigentlich „zu Schützenden", suchen. Um diesen Blickwinkel zu schärfen finden von der FSF und FSK von Zeit zu Zeit Projekte statt. Zum einen werden Kindern und Jugendlichen in den Institutionen vor Ort Filme vorgeführt und deren persönliche Bewertung ermittelt.[145] Zum anderen werden derartige Projekte auch außerhalb der Institutionen gefordert.

---

[143] Vgl. Mikat, C.: Die Arbeit der Jugendschutzbeauftragten im Fernsehsender. In: tv diskurs – Verantwortung in audiovisuellen Medien, Schriftenreihe der Freiwilligen Selbstkontrolle Fernsehen, a.a.O., S. 42.
[144] Strauß, Stefan: Kompetente Gesprächspartner. In: tv diskurs – Verantwortung in audiovisuellen Medien, Schriftenreihe der Freiwilligen Selbstkontrolle Fernsehen, Heft 12, Nomos Verlagsgesellschaft, Baden – Baden 2000, S. 104.
[145] Vgl. Ebd.

So auch eine Untersuchung, die 2001 von Burkhart Freitag und Ernst Zeitter unter dem Titel „Die Rezeption fiktionaler Gewaltdarstellungen durch Kinder im Alter von 8 bis 9 Jahren in Abhängigkeit von ihrem Gewaltverständnis" vorgestellt wurde.[146] Im Rahmen dieser Untersuchung sollten 37 Kinder von acht und neun Jahren in einem Interview verschiedene Gewalthandlungen bewerten. Sie hatten hierbei zu beurteilen, ob die in Form einer kurzen Frage vorgestellten Handlungen für sie überhaupt Gewalt darstelle.

Eine Hypothese, welche Freitag und Zeitter anhand ihrer Ergebnisse stützen konnten war, dass Kinder und Jugendliche bestimmte inhaltsgleiche Gewalthandlungen im Alltag weitaus häufiger als Gewalt wahrnehmen als im Filmbeispiel.[147]

Solche Erkenntnisse spielen für die Jugendschützer eine wichtige Rolle wenn es darum geht, die Wirkung eines Filmes auf eine bestimmte Altersgruppe einzuschätzen.

Diese Forschungen verdeutlichen die Wichtigkeit eines Blickwinkels, der sich auf die Rezipienten selbst richtet. Nach Freitag ist dies jedoch „[...] ein verhältnismäßig großer weißer Fleck im Rahmen der ansonsten sehr ausführlich vermessenen Gewaltwirkungslandschaft."[148]

Da derartige Untersuchungen eine nicht zu vernachlässigende Komponente für den Jugendschutz darstellen, soll sich der nachfolgende empirische Teil der Studie diesem Bereich zuwenden. Anhand eines konkreten Films soll die Frage untersucht werden, inwieweit die Einschätzung jugendlicher Probanden mit der Bewertung durch Prüfer der FSK übereinstimmt. Wie also empfinden die Jugendlichen selbst bestimmte gewalthaltige Szenen und wo sehen sie die „richtige" Altersfreigabe?

---

[146] Vgl. Freitag, Burkhard; Zeitter Ernst: Unterschiede und Zusammenhänge bei der Beurteilung von Fernsehgewalt durch Kinder, In: tv diskurs – Verantwortung in audiovisuellen Medien, Schriftenreihe der Freiwilligen Selbstkontrolle Fernsehen, Heft 16, Nomos Verlagsgesellschaft, Baden – Baden 2001, S. 22.

[147] Vgl. Ebd., S. 24f.

[148] Ebd., S.22.

C) DIE UNTERSUCHUNG: FILMBEWERTUNG DURCH DIE FSK UND JUGENDLICHE

I) Zielsetzung und Hypothesenbildung

Aufbauend auf den theoretischen Teil der Studie, soll der Schwerpunkt der folgenden Untersuchung auf dem Vergleich zwischen der Bewertung eines Filmes durch die FSK und der Beurteilung durch Jugendliche selbst liegen. Die Idee zu dieser Untersuchung entstand während einer Mitarbeit in der Abteilung Jugendschutz und Programmberatung der ProSieben Media A.G. In Kontakt mit jugendlichen Rezipienten, speziell von 15 bis 17 Jahren, kristallisierte sich eine Einschätzung dahingehend heraus, die Handhabung des Jugendschutzes sei zu streng und nicht ihrem Alter entsprechend. Die folgende Erhebung soll anhand eines konkreten Spielfilms zeigen, inwieweit die Beurteilung desselben Films von professioneller Seite und durch Jugendliche selbst übereinstimmt bzw. von einander abweicht. Folgende Hypothesen werden dabei im Vorfeld der Untersuchung festgehalten:

1. Stehen Jugendliche selbst vor der Entscheidung einen Film bezüglich seiner Altersfreigabe bewerten zu müssen, so liegt ihre Freigabe unter der zuständigen Jugendschutzinstitution.
2. Jugendliche mit höherer Schulbildung setzen bei der eigenen Bewertung das Freigabealter eines Filmes tendenziell höher an als ihre Altersgenossen.
3. Für Jugendliche spielen bei der Bewertung des Films nicht hauptsächlich die Tötungsszenen die ausschlaggebende Rolle für eine Ängstigung.

II) Charakterisierung des Films

1. Die Wahl des Filmbeispiels

Für die Auswahl des Films, der von den Probanden bezüglich seiner Freigabe beurteilt werden soll, spielen verschiedene Kriterien eine Rolle.
Da „Gewalt“ in dieser Studie als Hauptaspekt für Jugendschutz festgelegt ist, soll der zu untersuchende Film aufgrund dieses Gesichtspunkt als diskutabel gelten. Seine Freigabe sollte weiter bei FSK 12 oder FSK 16 liegen, da es Ziel der Erhebung ist, die Einschätzung Jugendlicher diesen Alters zu erfassen. Relevant war weiter eine als umstritten erkennbare Freigabesituation. Dies bedeutet, dass aus den Gutachten des betreffenden Filmes hervorgeht, dass die Entscheidung durch die Prüfer der FSK nicht einheitlich gefällt wurde, was eine Beurteilung durch die entsprechende Altersgruppe interessanter gestalten soll.
Aufgrund dieser Aspekte wurde der 1999 in den USA gedrehte Spielfilm *Sleepy Hollow* für die Untersuchung ausgewählt.

2. Der Inhalt des Films *Sleepy Hollow*

Um die einzelnen Aspekte des Fragebogens und die Festsetzung der Altersfreigaben durch die Probanden besser einordnen zu können, sei anbei ein Überblick über den Inhalt des Films gegeben.
Sleepy Hollow spielt im Jahre 1799 in einem gleichnamigen, einsam gelegenen kleinen Ort bei New York. Dorthin wird der Gendarm Ichabod Crane, gespielt von Johnny Depp, versetzt um eine Reihe mysteriöser Morde aufzuklären. Innerhalb zweier Wochen wurden drei Menschen geköpft aufgefunden, wobei die Schädel der Toten nie auffindbar sind. In Sleepy Hollow angekommen wird er von den Dorfältesten darüber in Kenntnis gesetzt, dass die Morde vom „Kopflosen Reiter“ verübt werden, welcher zu Lebzeiten ein blutrünstiger Söldner gewesen sein soll und schließlich selbst geköpft wurde. Nun sei er aus der Hölle zurückgekehrt um sein Morden weiterzuführen. Obwohl der Gendarm diesen Erklärungen keinen Glauben

schenkt, nehmen die Köpfungen weiter ihren Lauf. Seine Aufklärungsversuche führen Ichabod und Katarina, die Tochter des Grundbesitzers, immer tiefer in den umliegenden Wald hinein, wobei er schließlich auf das Grab des Reiters und einen Totenbaum stößt. In dessen Inneren finden sich die Köpfe der Ermordeten, mit Ausnahme des Schädels des kopflosen Reiters. Daraus schließt der Gendarm, dass der Reiter solange weiter morden wird, bis er seinen eigenen Kopf gefunden hat, und ist überzeugt, dass dieser dabei von einem Bewohner des Dorfes geleitet wird.
Zum Schluß des Filmes hin wird deutlich, dass Katarinas Stiefmutter den Schädel des Reiters entwendet und somit Macht über ihn erhalten hat um einerseits an des Erbe Katarinas zu gelangen und sich andererseits dafür zu rächen, dass sie als kleines Mädchen aus dem Ort verstoßen wurde. In einem finalen Kampf erhält der „Kopflose Reiter" seinen Schädel wieder und verschwindet mit der Stiefmutter im Totenbaum.

Dies stellt die Handlung des zu untersuchenden Films in Grundzügen dar, welche zum Verständnis der nachfolgenden Bewertung durch die FSK eine wichtige Rolle spielt.

III) Die Beurteilung durch die FSK

Wie einführend erläutert, erfolgte die Festlegung der FSK-Freigabe für den Spielfilm *Sleepy Hollow* in einem längeren Entscheidungs- und Prüfprozess. Insgesamt berief die FSK binnen eines Zeitraums von zehn Wochen drei Prüfsitzungen dafür ein. Für den praktischen Vergleich werden als Grundlage der Bewertung des Filmes von „professioneller" Seite die Jugendentscheide dieser drei Sitzungen herangezogen.

1. Die Prüfung durch den Arbeitsausschuss

Erstmals wurde der Film der FSK am 07.02.2000 von der Constantin Film AG zur Beurteilung vorgelegt und eine Freigabe „ab 12 Jahren“ beantragt. Die Mehrheit der Ausschußmitglieder stimmte nach eingehender Diskussion für den Antrag und setzte dies gegen eine Minderheit, die das Freigabealter als zu niedrig ansah, durch. Interessant für den Vergleich einer Bewertung durch die Prüfer der FSK und durch Jugendliche selber, ist an dieser Stelle wie von „professioneller“ Seite argumentiert wurde. Im ersten Jugendentscheid lassen sich vier Hauptpunkte finden, die der Hauptausschuss der FSK für eine Freigabe „ab 12 Jahren“ heranzog.

1. Die komisch wirkende Figur des Gendarms und seine Detektivarbeit stehe im Vordergrund und biete somit immer wieder Entlastungsmomente.
2. Das Genre des Gruselfilms mit seinen Versatzstücken sei Kinder und Jugendlichen ab 12 Jahren bekannt.
3. Die zeitliche Ansiedlung der Handlung im Jahre 1799 relativiere die ängstigende Atmosphäre des Films.
4. Die Verwendung von Fabelfiguren, baue weiter eine Distanz zur Filmhandlung auf und trage zu deren Abmilderung bei.[149]

Eine Minderheit vertrat jedoch die Ansicht, dass aufgrund der Art und Vielzahl von Tötungsszenen die Gefahr einer übermäßigen Belastung, besonders für 12- und 13-Jährige, bestehe. Auf deren Antrag fand sich der Hauptausschuss der FSK am 16.02.2000 zu einer erneuten Prüfung ein.

[149] Vgl. dazu: Jugendentscheid, Begründung der Beurteilung nach § 6 des Gesetzes zum Schutze der Jugend in der Öffentlichkeit, Prüfsitzung vom 07.02.2000, siehe Anhang

2. Die Prüfung durch den Hauptausschuss

Dieser zweiten Sitzung lag also der Antrag auf „freigegeben ab 16 Jahren“ zugrunde. Dabei wurden speziell die Tötungsszenen kritisiert, wobei neben deren quantitativen Einbindung in den Film auch der Aspekt zur Debatte stand, viele Gewaltdarstellungen würden zum Selbstzweck und ohne besondere Relevanz für die Handlung erfolgen. Als besonders negativ geht aus der Beurteilung dieses zweiten Jugendentscheids eine Szene hervor, „in der der kopflose Ritter eine ganze Familie auslöscht [...] sich das Kind der Familie in einer Grube unter den Dielen im Haus versteckt und durch die Ritzen der Falltür mit ansehen muss, wie seine Mutter geköpft wird. Der zu Boden rollende Kopf kommt über ihm zum Liegen, so dass die Augen seiner toten Mutter ihn anstarren.“[150] Auch das Kind, welches zuerst in Sicherheit scheint, kann sich nicht retten.

Nach weiteren Diskussionen über die Relevanz der bereits im Arbeitsausschuss angeführten Aspekte, stimmte auch der Hauptausschuss der FSK mehrheitlich für eine 12er Freigabe des Spielfilms. Dies erfolgte jedoch unter der Auflage die oben dargestellte Szene durch Schnitte abzumildern.

Ohne diese Bearbeitung des Films, sei *Sleepy Hollow* „freigegeben ab 16 Jahren“.

Kritisch kann an diesem zweiten Prüfgutachten die bloße Festlegung auf eine Szene, bzw. deren Schnitt, als Kriterium für eine Freigabe ab 12 oder ab 16 Jahren angemerkt werden. Anhand der Vielzahl der kritisierten Szenen wirkt dies eher als eine Art Spagat zwischen den unterschiedlichen Ansichten im Arbeits- und Hauptausschuss als eine konsequente Neueinstufung des Spielfilms.

3. Die Entscheidung im Appellationsausschuss

Aufgrund der ersichtlichen Unstimmigkeiten und der Vielzahl der Einwände *Sleepy Hollow* mit oder ohne Schnitt ab 12 Jahren freizugeben, kam schließlich der Appellationsausschuss seiner Entscheidungskompetenz nach.

[150] Vgl. dazu: Jugendentscheid, Begründung der Beurteilung nach § 6 des Gesetzes zum Schutze der Jugend in der Öffentlichkeit, Prüfsitzung vom 16.02.2000, siehe Anhang

Nach § 15 Abs. 3 S. 4 der FSK-Grundsätze kann jede Oberste Landesjugendbehörde oder die Spitzenverbände der Filmwirtschaft verlangen, dass nach bereits abgeschlossener Prüfung ein Appellationsverfahren eingeleitet wird. Dies bedeutet, dass der Film innerhalb eines Monats nach Einreichen des Antrags erneut von einem FSK-Ausschuss beurteilt wird.[151]

So wurde auch der Film *Sleepy Hollow* am 13.04.2000 ein drittes Mal im Appellationsausschuss geprüft. Hier wurde beschlossen, die Entscheidungen des Arbeits- und Hauptausschusses aufzuheben. Die Prüfer dieser letzten Sitzung waren der Auffassung, „[...] dass der Film geeignet ist, das geistige oder seelische Wohl insbesondere der 12- und 13-Jährigen zu beeinträchtigen."[152] Als ausschlaggebend dafür sind aus diesem letzten, aktuellen Jugendentscheid fünf Gründe zu entnehmen:

1. Die Köpfungs- und Gewaltszenen seien derart häufig und lautstark inszeniert und daher besonders den Jüngsten der Altersgruppe nicht zu verantworten.
2. Die angenommenen abmildernden Aspekte, wie z.B. Ironie seien für jüngere Rezipienten nicht erkennbar und verständlich.
3. Die Rasanz und ständige Abfolge von Kampfszenen speziell im letzten Drittel des Films biete für Jüngere keine entlastenden Momente mehr.
4. Die blutigen Traumszenen, in denen der Konstabel seine Kindheit verarbeitet, würden ebenfalls nicht verstanden und daher eine nachhaltige Verängstigung angenommen.
5. Die kritische Szene der Familientötung würde 12- und 13-Jährige ebenfalls nachhaltig ängstigen.

Der Spielfilm *Sleepy Hollow* ist seit der Prüfsitzung der FSK vom 13.04.2000 nunmehr für Jugendliche ab 16 Jahren freigegeben. Die beiden zuvor gefällten Entscheidungen FSK12 und FSK12 (mit Schnitt) wurden damit aufgehoben.[153]

---

[151] Vgl. Scholz, Rainer: Jugendschutz. Verlag C.H.Beck, München, 1999, S.151f
[152] FSK-Jugendentscheid, Begründung der Beurteilung nach § 6 des Gesetzes zum Schutze der Jugend in der Öffentlichkeit, Prüfsitzung vom 13.04.2000.
[153] Ebd.

IV) Die Bewertung des Films durch Jugendliche

1. Das Forschungsdesign

Nachdem die Bewertung des Films von Seiten der Prüfer dargestellt wurde, soll nun die Beurteilung jugendlicher Rezipienten erfasst werden. Dazu wurde mit Schülern der Altersstufe 16, für die der Film eine Freigabe erhielt, eine explorative Studie durchgeführt. Um eventuelle Differenzen in der Einschätzung Jugendlicher mit unterschiedlicher Schulbildung darlegen zu können, wurden zwei Schultypen ausgewählt. Die Untersuchung erfolgte am 13. November 2002 in einer 10. Klasse des Simpert – Kraemer - Gymnasiums Krumbach und am 28. November 2002 in einer 10. Klasse der Staatlichen Realschule Krumbach. Insgesamt nahmen 47 Probanden daran teil. Die Erhebung zusätzlich in einer Hauptschulklasse durchzuführen war aufgrund der FSK16 - Freigabe und des Alters der Schüler der Abschlußklassen leider nicht möglich.

Der Ablauf der Untersuchung war wie folgt: Zuerst wurde den Schülern, ohne sie vorher über die Freigabesituation des ausgewählten Filmes zu informieren, der 105 Minuten andauernde Spielfilm auf einer 2m x 1,50m großen Leinwand vorgeführt. Im Anschluß daran erhielten sie einen Fragebogen, mittels welchem ihre Empfindungen und abschließende Bewertung *Sleepy Hollows* erfasst werden sollten.

2. Der Aufbau des Fragebogens

a) Die inhaltliche Gestaltung

Im Folgenden soll der inhaltliche und methodische Aufbau dieses Fragebogens näher erläutert werden.

Inhaltlich betrachtet ist der Fragebogen in zwei Komplexe aufgeteilt. Zum einen besteht er aus einem einführenden ersten Teil, der unabhängig vom vorgeführten Film gestaltet und in einzelne Themenbereiche zum „Jugendschutz“ gegliedert ist.

Zum anderen umfaßt er einen zweiten Teil, welcher sich ausschließlich auf den zu bewertenden Film bezieht und durch eine kurze statistische Erhebung über Alter, Schultyp und Geschlecht der Probanden abgeschlossen wird.

Der erste Komplex des Fragebogens beinhaltet zehn allgemeine Fragen, die einleitend die persönliche Fernseh- und Kinonutzung der Jugendlichen für eine spätere Einstufung in „Viel- und Wenigseher" erfassen soll. Weiter deckt dieser erste Komplex verschiedene Gebiete zur Thematik „Jugendschutz" ab und führt auf den Kern des Fragebogens hin: die persönliche Bewertung des vorgeführten Spielfilms.

Der zweite Komplex des Fragebogens bezieht sich ausschließlich auf den zu beurteilenden Film *Sleepy Hollow.* Um eine Gegenüberstellungen zwischen Einschätzungen der FSK-Prüfer und der Probanden zu erzielen, basieren die Fragen auf Szenen und Aspekte des Films, die von den Prüfern der FSK als Argumente für die Freigabe verwendet wurden. Diese sind jedoch, um eine mögliche Verzerrung der Urteile der Jugendlichen zugunsten der Prüfentscheide zu vermeiden, in für die Probanden nicht erkennbarer Weise in die Fragen eingearbeitet. Wird also von den Prüfern der FSK eine Szene als geeignet angesehen, Kinder und Jugendliche nachhaltig ängstigen zu können, so soll diese Szene auch von den Versuchspersonen auf ihre ängstigende Wirkung hin beurteilt werden.
Damit soll bei der Auswertung ein möglichst linearer Vergleich zwischen den Annahmen der Jugendschützer über die Wirkung des Films „Sleepy Hollow" auf Jugendliche und der Bewertung durch Jugendliche der Altersgruppe selbst erreicht werden.

Wie bereits im theoretischen Teil dieser Studie dargestellt, wird in den FSK–Grundsätzen § 18 Absatz 2 betont, dass zwar einzelne kritische Szenen bei der Bewertung eine Rolle spielen, letztendlich jedoch die Gesamtwirkung des Films nicht außer Acht zu lassen ist.[154] Von diesen beiden Betrachtungen aus ist die Entscheidung der FSK im Jugendentscheid zu „Sleepy Hollow" begründet und auch der Fragebogen aufgebaut. Daher soll zu Beginn des zweiten Fragekomplexes zunächst der Gesamteindruck ermittelt werden, den der Film bei den einzelnen Rezipienten der Versuchsgruppe hinterläßt.

[154] Vgl. Scholz, Rainer: Jugendschutz. Verlag C.H.Beck, München, 1999, S.154.

Nachfolgend wird auf einzelne Szenen des Films eingegangen, die ebenfalls von den Probanden dahingehend beurteilt werden sollen, inwiefern diese auf sie nervenaufreibend und ängstigend wirken.

Die Fragen zur Wirkung des Films sind so formuliert, dass sie auf zwei Aspekte abzielen: die individuellen Empfindungen der Probanden selbst, die in die Altersstufe der „frei ab 16"-Filme fallen und ihre Einschätzung über die Wirkung *Sleepy Hollows* auf 12- bis 15-Jährige. Entscheidend hierfür ist der dargestellte Freigabevorgang. Der Film erhielt in seinen ersten beiden Gutachten eine Freigabe ab 12 Jahren und wurde erst in einem dritten Entscheid im Appellationsausschuss mit „frei ab 16 Jahren" eingestuft. Für den Vergleich der Jugendentscheide mit den Einschätzungen der Jugendlichen ist daher auch der Blick auf diese jüngere Altersstufe interessant. Aufgrund seiner aktuellen FSK16-Freigabe kann der Film Kinder und Jugendlichen zwischen 12 und 15 Jahren zur Beurteilung jedoch nicht vorgeführt werden. Deshalb beinhaltet der Fragebogen drei Fragen, die die angesprochene jüngere Gruppe von Rezipienten betreffen.
Es wird angenommen, dass es Jugendlichen leichter fallen könnte, sich in diese Altersstufe zurück zu versetzen und verstärkt über den Film nachzudenken, wenn sie dessen Wirkung nicht nur auf sich selber, sondern auch auf Jüngere beurteilen sollen.
Eine Frage hierzu ist bewußt auf einem persönlichen Bezug aufgebaut, welcher sich darauf bezieht, ob die Probanden den Film ohne Bedenken mit einem 12- oder 13-jährigen Geschwisterteil ansehen würden. Hinsichtlich der Auswertung des Fragebogens soll dies die Frage aufrufen, ob diese Verantwortung in einer konkret formulierten Situation auch mit der letztendlichen Entscheidungen für ein bestimmtes Freigabealter des Films übereinstimmt.
Die nächsten vier der insgesamt 25 Fragen beziehen sich, nach dem Komplex über die ängstigenden Aspekte des Films, nun auf die Komponenten, die von den Prüfern der FSK als „mildernde Kriterien" für die düstere und verängstigende Atmosphäre des Films herangezogen werden. Diese sollen die Jugendlichen ebenfalls - je nach ihrem persönlichen Empfinden - einstufen. Als Beispiel sei das positive Ende der Geschichte angeführt, welches von den Probanden dahingehend beurteilt werden soll, inwieweit es eine vorangegangene Ängstigung wieder relativiert oder abmildert.

Der letzte Punkt des Fragebogens umfasst abschließend das Hauptaugenmerk der Befragung: die individuelle Altersfreigabe, die dem vorgeführten Film von den jugendlichen Probanden zugeschrieben wird. Ein kurzer statistischer Teil rundet die Befragung der Versuchsgruppe ab.

b) Der methodische Aufbau

Der Fragebogen beinhaltet hauptsächlich geschlossene Fragestellungen, wobei die Merkmalsausprägungen meist in 4 Abstufungen unterteilt sind, die im Bezug auf Häufigkeiten von „nie“ bis „sehr häufig“ und bei der Abwägung der Intensität von „gar nicht“ bis „sehr stark“ reichen.
Diese letzteren Vorgaben sind so formuliert, dass eine alternative Antwortmöglichkeit wie etwa „mittelmäßig“ nicht besteht. Die Abstufung zwischen „gering“ und „stark“ mag daher unverhältnismäßig scheinen, soll jedoch bewusst eine „Tendenz zur Mitte“ vermeiden. Diese kristallisierte sich in einem Pre-Test bei Fragen zur „Ängstigung“ heraus und führte zu einer Veränderung in der Abstufung, da eine „mittelmäßige Ängstigung“ für die Auswertung nicht als aussagekräftig galt und nach Aussagen der Versuchspersonen des Pre-Tests zu einem weniger reflektierten Ausfüllen des Fragebogens führte.

In vier Fällen wurden die geschlossenen durch offenen Fragen ergänzt. Einerseits soll dadurch im zweiten Fragekomplexes zu *Sleepy Hollow* zuerst bewusst an die Erinnerungsleistung der Versuchspersonen appelliert und Szenen erfragt werden, die den Jugendlichen als besonders beängstigend oder nervenaufreibend im Gedächtnis geblieben ist.
Andererseits kann mit Hilfe offener und halboffener Fragen erfasst werden, wie die Versuchspersonen ihre Meinung und Einschätzung begründen. Dies ist z.B. bei Frage 5 der Fall, die sich auf das Interesse der Jugendlichen an Filmen bezieht, die nicht für ihre Altersstufe freigegebenen sind. Besonders interessant scheint hierfür die Motivation der Probanden und eine mögliche Übereinstimmung mit dem im theoretischen Teil dieser Studie erläuterten „Verbotene-Frucht-Effekt“.

Auch in Frage 10, die sich auf mögliche Wirkungen von Gewaltdarstellungen bezieht, scheint die offene Frageform besonders geeignet um individuelle Einschätzung der Jugendlichen zu erfassen.

Nachfolgend sei der den Probanden vorgelegte Fragebogen, mittels welchem ihre Bewertung des vorgeführten Films *Sleepy Hollow* erfasst wurde, in seiner Gesamtheit dargestellt.

Rezipientenbefragung: ***Jugendschutz am Filmbeispiel: „Sleepy Hollow"*** *VP - Nr.*

1. Wie oft siehst Du durchschnittlich am Tag fern?
- bis zu 1 Stunde täglich
- 1 bis 2 Stunden täglich
- 2 bis 3 Stunden täglich
- mehr als 3 Stunden täglich

2. Wie oft siehst Du nach 23 Uhr fern?
- Nie
- gelegentlich
- Häufig
- Sehr häufig

3. Wie oft siehst Du Dir durchschnittlich Filme im Kino an?
- bis zu 3 mal im Jahr
- 3 zu 6 mal im Jahr
- 1 bis 2 mal im Monat
- 3 mal im Monat und öfter

4. Hältst Du Dich dabei dann an die Altersfreigaben der Kinofilme?
- Nie
- Selten
- Meistens
- Immer

5. Findest Du Filme von denen Du weißt, dass sie nicht für Deine Altersstufe freigegeben wurden, interessanter? Wenn ja, warum?
- Nein
- Ja, weil: ____

6. Hast Du schon mal etwas über die Arbeit der FSK (Freiwillige Selbstkontrolle der Filmwirtschaft) gehört?
- Ja
- Nein

7. Hast du schon mal etwas über die Arbeit der FSF (Freiwillige Selbstkontrolle Fernsehen) gehört?
- Ja
- Nein

8. Für wie wichtig hältst Du es, Filme auf ihre Tauglichkeit für Kinder u. Jugendliche hin zu prüfen?
- Nicht nötig
- Nur vereinzelt nötig
- Wichtig
- Sehr wichtig

9. Was hältst Du von gewalthaltigen Szenen in Film und Fernsehen?
- Werden zu wenig gezeigt (zu oft geschnitten)
- Werden weder zu viel noch zu wenig gezeigt
- Werden zu viel gezeigt

10. Denkst Du, dass Gewaltszenen in Filmen negative Wirkungen auf Kinder und Jugendliche haben können?
- Nein
- Ja und zwar folgende: ______________________________
____

Filmbeispiel Sleepy Hollow: Im Anschluß sollen verschiedene Aspekte und Szenen des Filmes beurteilt werden.

11. Wie hat der Film insgesamt gesehen auf Dich gewirkt? (bitte kreuze an, was am meisten zutrifft)
- Langweilig
- Lustig
- Spannend
- Beängstigend

12. Hat Dich der Film geängstigt?
- Nein bzw. gar nicht
- gering
- stark
- sehr stark

13. Glaubst Du, dass der Film Kinder von 12 und 13 Jahren ängstigen würde?
- Nein bzw. gar nicht
- gering
- stark
- sehr stark

14. Gab es eine oder mehrere Szenen, die **auf Dich** besonders nervenaufreibend oder beängstigend gewirkt haben, und wenn ja, welche?
- Nein
- Ja: (bitte beschreibe die Szene(n) kurz:) ____________________
____
____

15. Gibt es eine oder mehrere Szenen, die Du für eine jüngere Altersstufe, also **Kinder ab 12 Jahren,** für besonders bedenklich hältst? (bereits genannte Szenen können auch nochmals angeführt werden)
- Nein
- Ja: (bitte beschreibe die Szene(n) kurz:) ____________________
____
____

16. Wenn Du eine jüngere Schwester oder Bruder von 12 oder 13 Jahren hättest, würdest Du den Film ohne Bedenken mit Ihr/Ihm ansehen?
- Nein
- Ja

17. Wenn du noch einmal an folgende Szenen denkst, wie nervenaufreibend oder ängstigend fandest Du den Angriff des Reiters auf die ganze Familie im Haus: Enthauptung der Eltern u. des kleinen Jungen?
- Gar nicht
- gering
- stark
- sehr stark

18. Wie nervenaufreibend oder ängstigend fandest Du die Verwandlung des Skelettschädels in den Kopf des „kopflosen Reiters“ am Ende des Films?
- Gar nicht
- gering
- stark
- sehr stark

19. Wie nervenaufreibend oder ängstigend fandest Du die Szene, als der Gendarm „Johnny Depp“ von seiner toten Mutter in der Folterfigur aus Eisen träumt?
- Gar nicht
- gering
- stark
- sehr stark

20. Wie nervenaufreibend oder ängstigend fandest Du die vielen verschiedenen Köpfungsszenen selbst?
- Gar nicht
- gering
- stark
- sehr stark

21. Mildert Deiner Meinung nach die zeitl. Distanz zu heute (Film spielt 1799) die ängstigende Atmosphäre des Films ab?
- Nein, gar nicht
- gering
- stark
- sehr stark

22. Mildert die Darstellung des Bösen durch die Fabelfigur des kopflosen Reiters – statt einer realen Person - die ängstigende Atmosphäre ab?
- Nein, gar nicht
- gering
- stark
- sehr stark

23. Mildern die humoristisch wirkende Figur des Gendarms „Johnny Depp“ die ängstigende Atmosphäre ab?
- Nein, gar nicht
- gering
- stark
- sehr stark

24. Mildert Deiner Meinung nach das positive Ende der Geschichte die ängstigende Atmosphäre ab?
- Nein, gar nicht
- gering
- stark
- sehr stark

25. Für welche Altersstufe sollte der Film Deiner Meinung nach freigegeben werden?
- Frei ab 12 Jahren
- Frei ab 16 Jahren
- Frei ab 18 Jahren

....

<u>Statistische Angaben:</u>

- weiblich
- männlich

Alter:______

Schulbildung:
- Gymnasium
- Realschule
- Hauptschule

Abb. 1: Der Fragebogen „Jugendschutz am Filmbeispiel: Sleepy Hollow“

3. Die Ergebnisse des Fragebogens

a) Die Einstellungen der Probanden zum Jugendschutz

Die Ergebnisse der Untersuchung zur Beurteilung des Spielfilms *Sleepy Hollow* durch Jugendliche der Altersstufe 16 sollen im folgenden dargestellt und in einem nachfolgenden Kapitel mit den Bewertungen der FSK verglichen werden.

Zunächst werden hierzu die wichtigsten Erkenntnisse des allgemein gehaltenen ersten Fragekomplexes behandelt. Vorweg soll auf die generelle Haltung der Probanden gegenüber dem Jugendschutz in Film und Fernsehen eingegangen werden.

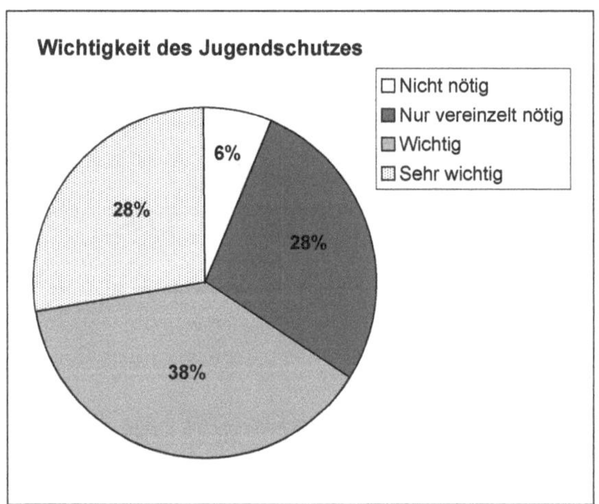

Abb. 2: Die Beurteilung der Wichtigkeit des Jugendschutzes

Wie in Abbildung 2 ersichtlich, halten es knapp zwei Drittel der Versuchspersonen für wichtig bis sehr wichtig, Film- und Fernsehinhalte auf eine mögliche schädigende Wirkung für Kinder und Jugendliche hin zu kontrollieren. Dieses Ergebnis spiegelt, gegen vorangegangener Erwartungen, eine mehrheitlich bejahende Grundeinstellung der Schüler dem Jugendschutz gegenüber wieder. Eine Bewertung der gängigen Jugendschutzpraxis ist daraus jedoch nicht zu entnehmen und soll beim abschließenden Vergleich der Altersfreigaben von Schüler- und professioneller Seite ausgearbeitet werden.

Interessant scheint als Ergebnis des ersten Fragebogenkomplexes weiter die Kenntnis über die beiden für den Jugendschutz in Film und Fernsehen relevanten Institutionen FSK und FSF.

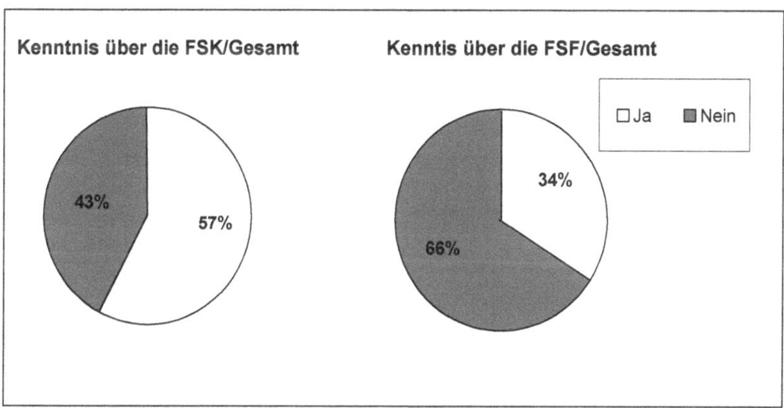

Abb.3: Die Bekanntheit der FSK und FSF

Die Freiwillige Selbstkontrolle der Filmwirtschaft liegt, bezogen auf den Bekanntheitsgrad, mit 57% der Probanden vor der Freiwilligen Selbstkontrolle Fernsehen, von deren Bestehen im Vergleich dazu 34% der Jugendlichen wissen. Da die Jugendlichen mit der Arbeit der FSK in Form der FSK-Altersfreigaben öfter in Kontakt treten als dies bei der Praxis der FSF der Fall ist, läßt sich das Ergebnis nachvollziehen. Einzeln betrachtet überrascht andererseits die relativ hohe Prozentzahl, die auf eine Kenntnis über die Freiwillige Selbstkontrolle der Filmwirtschaft schließen läßt. Dass also Kinofilme bezüglich ihrer Tauglichkeit für Kinder und Jugendliche geprüft werden, weiß mehr als die Hälfte der befragten Schüler. Jeder Dritte von Ihnen kennt diese Handhabung im Bereich Fernsehen.

Das dritte Ergebnis, welches einzeln und auf die nachfolgende Darstellung der von den Jugendlichen erteilten Altersfreigabe bezogen, von Interesse ist, ist ihre generelle Einstellung Gewalt in Film und Fernsehen gegenüber.

Hierzu lassen die Ergebnisse des Fragebogens, wie in Abbildung 4 deutlich, erkennen, dass jeder zweite Proband das Auftreten gewalthaltiger Szenen in Kino- und Fernsehinhalten als quantitativ angemessen empfindet. Nur 23 % der an der Untersuchung beteiligten Jugendlichen sind der Ansicht, Gewalt sei zu oft in Film und Fernsehen zu sehen. Ein mit 26 % gering höher liegender Teil der Schüler vertritt vielmehr die Auffassung, welche als Grundhypothese der Untersuchung vorausging. Diese beinhaltet, die Handhabung der Jugendschützer würde tendenziell als zu strikt empfunden.

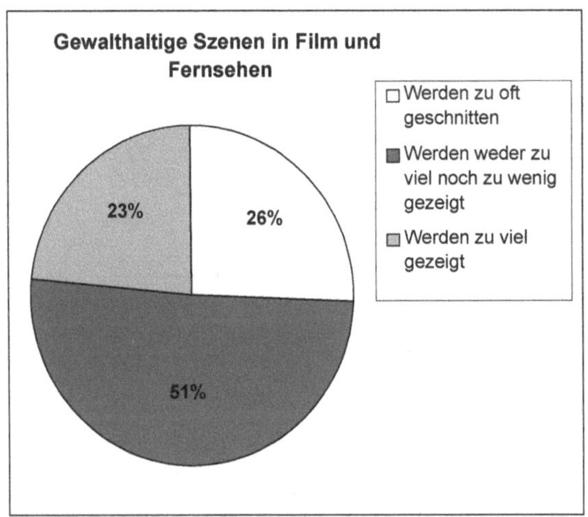

Abb. 4: Die Einstellung gegenüber Gewalt in Film und Fernsehen

Aus dieser Einstellung der Schüler kristallisiert sich eine offene Frage heraus, auf die das nachfolgende Ergebnis Antwort geben soll:
Wird also Gewalt nur von knapp einem Viertel der Probanden als „zu viel gezeigt" empfunden, weil auch nur dieser Anteil der Schüler der Ansicht ist, Gewaltszenen könnten negative Wirkungen auf Kinder und Jugendliche haben? Oder hält, trotz der Ergebnisse in Abbildung 4, ein weitaus größerer Prozentsatz der Jugendlichen Gewaltszenen in ihrer möglichen Wirkung auf Rezipienten für negativ?

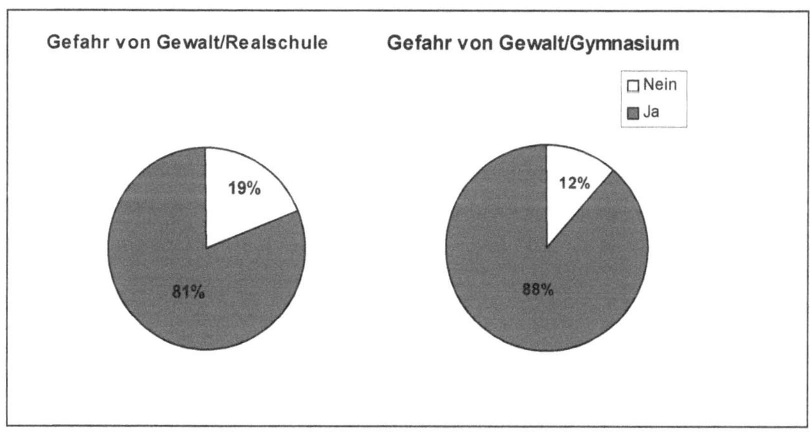

Abb. 5: Für möglich erachtete negative Folgen von Gewaltszenen

Wie Abbildung 5 zeigt, schreibt mit 81% der Realschüler und 88% der Gymnasiasten der weit überwiegende Teil der Probanden dem Konsum von Gewaltszenen mögliche negative Konsequenzen zu. Aus den Angaben der halboffenen Frage, welche Art von Gefahr die Schüler der Rezeption derartiger Szenen zuschreiben, ist als häufigste Nennung „Nachahmung" und „Aggressionsaufbau" zu finden. Dieses Meinungsbild kann wohl auf die in den Medien gern gezogenen Direktverbindungen zwischen einer Gewalttat und dem Konsum gewalthaltiger Medieninhalte zurückgeführt werden. An dritter Stelle sehen die Schüler eine Gefahr im Aufbau nachhaltiger Ängstigung, die ihrer Ansicht nach auch über den Konsum des entsprechenden Filmes hinaus im Alltag wieder auftauchen.

Ein geschlechtsspezifischer Unterschied ist mit 84% der Mädchen gegenüber 86% der Jungen, die „Denkst Du, dass Gewaltszenen in Filmen negative Wirkungen auf Kinder und Jugendliche haben können?" bejahen, nicht zu erkennen. Auch der Vergleich zwischen den beiden Schultypen ergibt beidseitig eine überwiegende kritische Haltung gegenüber dieser Form medialer Gewalt und läßt lediglich eine schwache Tendenz dahingehend erkennen, dass sie von Gymnasiasten noch als etwas gefährdender angesehen wird.

In Verbindung mit den Ergebnissen in Abbildung 4 läßt dies folgendes schließen: Die überwiegende Mehrheit der Probanden mißt dem Konsum von Gewaltszenen mögliche negative Konsequenzen zu, jedoch vertritt mit 23% nur ein relativ geringer Teil von Ihnen die Meinung, es würde zu viel Gewalt gezeigt. Dies kann als Indiz dafür betrachtet werden, die Arbeit der Jugendschützer als effektiv zu werten. Weiter kann darin ein Anhaltspunkt dafür gesehen werden, dass die Jugendschutzpraxis darüber hinaus von einem Teil der Jugendlichen sogar als zu strikt eingestuft wird. Denn obwohl nur 12% bzw. 19% der Probanden Gewaltdarstellungen als unbedenklich einstufen, sind 26% der Jugendlichen sogar der Ansicht, diese Inhalte würden zu stark reduziert und bearbeitet werden. 77% der Schüler beider Schulen schätzen den Anteil gezeigter Gewalt im täglichen Fernseh- und Kinoprogramm ebenfalls als nicht zu groß ein.

Diese Aspekte im Hintergrund gestalten die Ergebnisse des Kernpunktes der Untersuchung besonders interessant. Wie also beurteilen jugendliche Rezipienten einen Film bezüglich seiner Altersfreigabe, wenn sie selbst in der Situation sind ihn seiner Wirkung entsprechend bewerten und für eine Altersklasse freigeben zu müssen?

b) Die Einstufung des Films *Sleepy Hollow*

Dieser Hauptaspekt des Fragebogens soll von verschiedenen Gesichtspunkten aus untersucht werden. Nachfolgend werden hierzu geschlechts- und schulspezifische Unterschiede herausgearbeitet und ein Bezug dazu hergestellt werden, ob ein Zusammenhang zwischen Medienkonsum und der jeweils erteilten Altersfreigabe zu erkennen ist.

Zunächst liegt bei der Darstellung der Ergebnisse das Augenmerk darauf, für welches Alter die Gesamtheit der Probanden den vorgeführten Spielfilm ihres Ermessens nach freigibt.

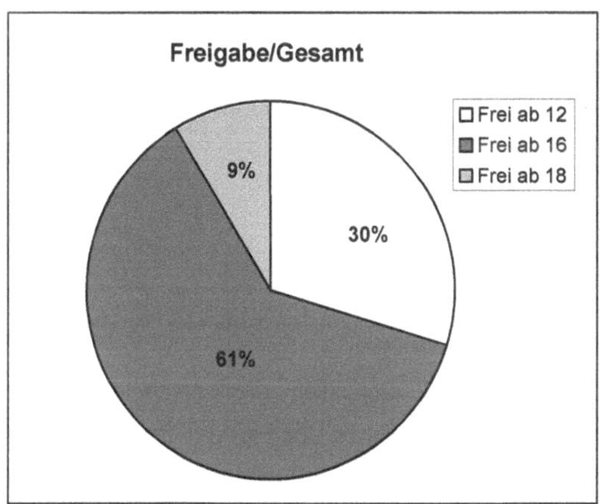

Abb. 6.: Die Altersfreigaben aller Probanden

Hierbei läßt sich deutlich erkennen, dass der Spielfilm nach mehrheitlicher Ansicht der Jugendlichen mit 61% als „frei ab 16 Jahren" einzustufen ist. Knapp ein Drittel fällt mit einer Freigabe ab 12 Jahren ein eher liberales Urteil. Neun Prozent der Schüler schreiben dem Film nach dessen Sichtung die in Deutschland höchste Altersfreigabe „nicht frei unter 18 Jahren" zu.
Auch der Aufbau eines persönlichen Bezugs, wie in Frage 16 der Fall, führt zu keinen abweichenden Ergebnissen. Geben die Schüler an, sie würden den Film mit ihrem 12- oder 13-jährigem Geschwisterteil nicht ohne Bedenken ansehen, so schlägt sich dies auch in der erteilten Altersfreigabe nieder. Das Hervorrufen einer persönlichen Verantwortung hat also in diesem Fall keinen Einfluß auf ihr konsequentes Urteil.

Wie sich dies im Vergleich zwischen beiden Schultypen verhält, soll die nachfolgende Abbildung verdeutlichen.

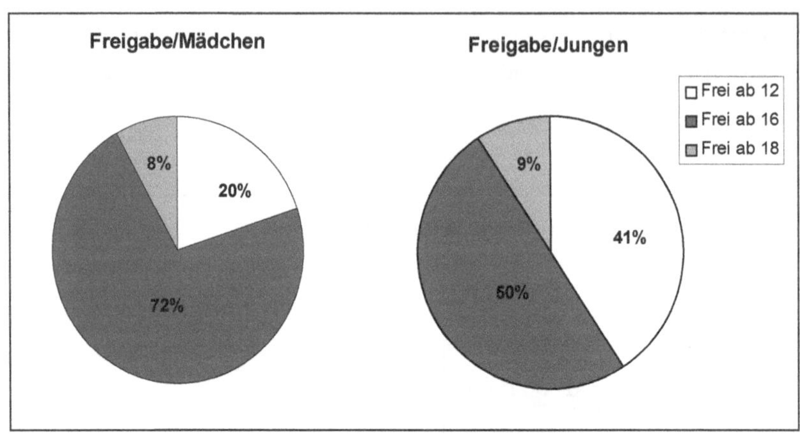

Abb. 7: Die Freigaben im geschlechtsspezifischen Vergleich

Setzt man, wie in Abbildung 7 ersichtlich, die Entscheidung für eine geeignete Freigabe in direkten Vergleich zwischen Jungen und Mädchen, so ist zu erkennen, dass von Seiten der Mädchen, eine etwas strengere Einstufung erfolgt. Sie stimmen mit 72% dafür, den Spielfilm ab 16 Jahren freizugeben, wobei diese Entscheidung nur 50% der männlichen Jugendlichen teilen und sich stärker als ihre Mitschülerinnen für eine Freigabe ab 12 Jahren entscheiden.

Auch in einem Vergleich zwischen den Schultypen lassen sich interessante Ergebnisse erkennen.

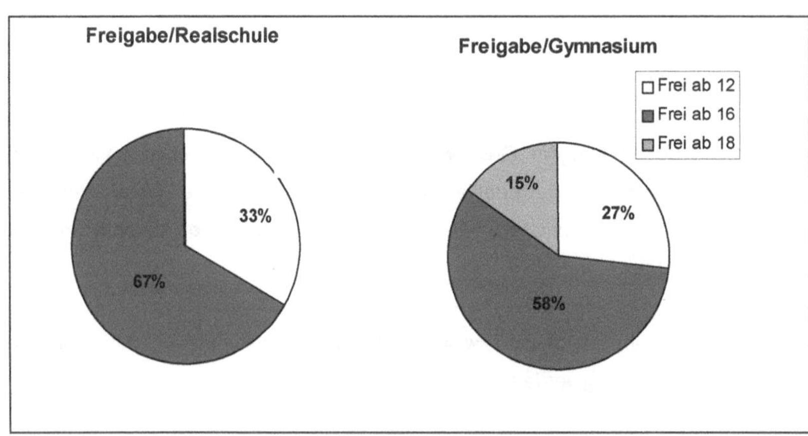

Abb. 8: Die Freigaben im schulspezifischen Vergleich

Sowohl die Mehrheit der Realschüler als auch der Gymnasiasten halten *Sleepy Hollow* also für ihre eigene Altersstufe für geeignet. Jedoch scheinen die Gymnasialschüler in ihrer Bewertung noch etwas strikter zu agieren als ihre Altersgenossen an der Realschule. Keiner dieser hält eine FSK18-Freigabe für angemessen, wobei diese Einstellung 15% der Gymnasiasten in ihren Angaben vermitteln.

Eine ähnliche weniger strikte Tendenz der Bewertung läßt sich auch finden, wenn man die Komponente „Vielseher" mit einbezieht. Dies entspricht einem durchschnittlichen Fernsehkonsum von drei Stunden täglich.[155]

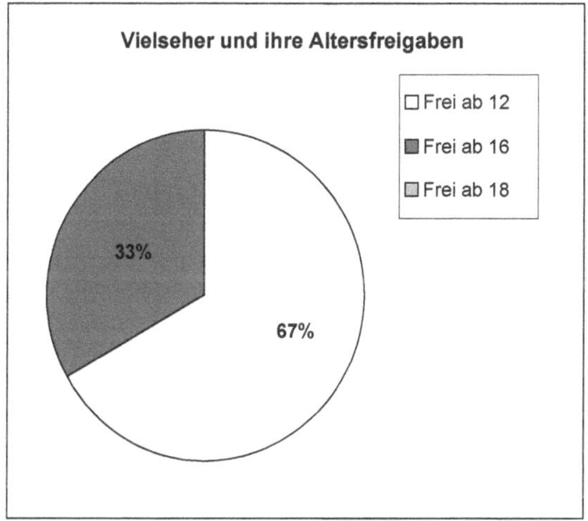

Abb. 9: Die Altersfreigaben der „Vielseher"

Keiner der Probanden, der seinen Angaben nach als „Vielseher" einzustufen ist, bewertet den Film *Sleepy Hollow* dahingehend, dass er nur für Erwachsene zugänglich sein sollte. Die läßt Vermutung dahingehend anstellen, dass Jugendliche, die seltener mit Gewaltszenen in Filmen konfrontiert werden, diese auch als schwerwiegender empfinden als „Vielseher" und daher eine höhere Altersfreigabe eher für angemessen halten.

---

[155] Vgl. Super RTL Studie: Kinderwelten 2002, Freizeit und Medien im alltäglichen Erleben von Kindern, IP Verlag, Köln 2002, S.47.

Nach den Altersfreigaben, sollen nun die Ergebnisse zu deren Begründungen dargestellt werden.

Von institutioneller Seite spielt, wie im theoretischen Teil der Studie erläutert, für die Freigabe die nachhaltig ängstigende Wirkung eines Filmes eine große Rolle. Daher werden zunächst die Ergebnisse des Fragebogens hierzu erläutert.

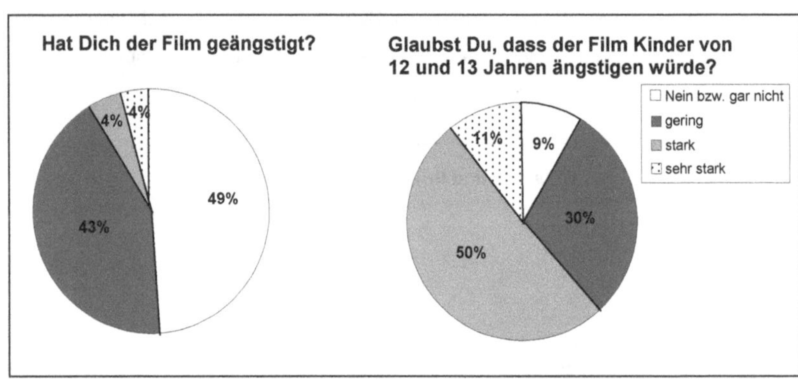

Abb. 10: Die ängstigende Wirkung des Films „Sleepy Hollow"

In Abbildung 10 wird ein deutlicher Unterschied zwischen der persönlich empfundenen Angst der 16-jährigen Probanden und ihrer Einschätzung darüber erkennbar, welche Wirkung *Sleepy Hollow* auf die Altersstufe der 12- und 13-Jährigen haben kann. Nur 8% der Schüler gibt an, der Film habe sie/ihn stark bis sehr stark geängstigt. Dem hingegen sind 61% der Ansicht, dass der betroffene Spielfilm auf jüngere Rezipienten eine stark bis sehr stark ängstigende Wirkung hat.

Für die Jugendlichen scheint also - wenngleich die Angabe über die vermutete Ängstigung anderer ein leichterer Akt sein mag als eigene Ängste einzugestehen - zwischen den beiden Freigabestufen „ab 12 Jahren" und „ab 16 Jahren" ein bedeutender Unterschied zu liegen.

Was jedoch verleiht *Sleepy Hollow* nach Einschätzung der Schüler seine Wirkung? Um dies erfassen zu können, sollten die Probanden vier Szenen, die auch aus dem Blickfeld der FSK als bedenklich angesehen wurden, auf ihre ängstigende Wirkung hin beurteilen.

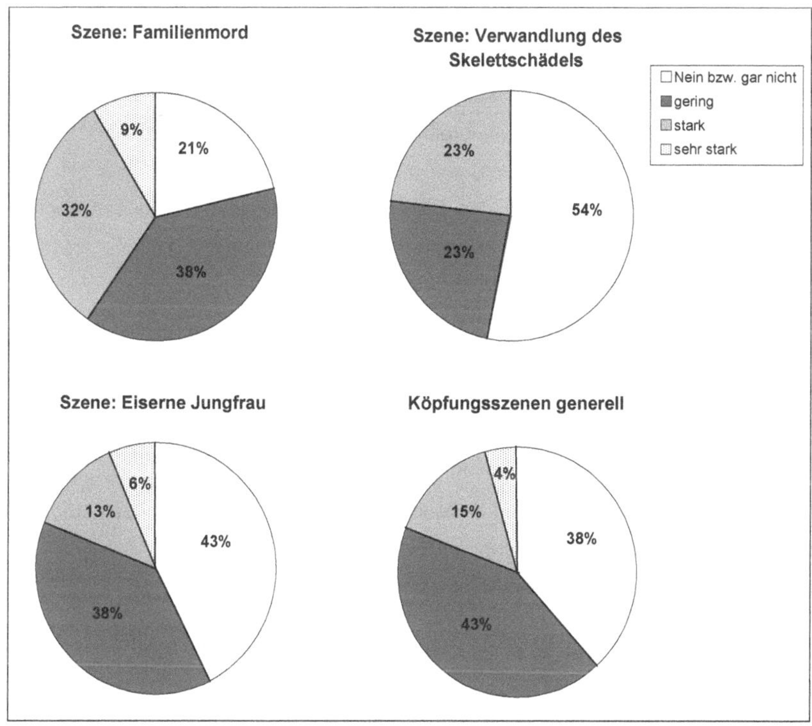

Abb. 11: Die ängstigende Wirkung vier spezieller Szenen

Als von den Probanden als am beängstigenden empfundene Szene ist der „Familienmord" zu nennen. 32% der Schüler gibt an, bei der Darstellung der Köpfung zweier Elternteile und eines kleinen Jungen, welcher zunächst in seinem Versteck in Sicherheit zu sein scheint, am stärksten während des gesamten Filmes Angst verspürt zu haben. Weitere 9% fühlten sich nach eigenen Angaben durch diese Szene sehr stark geängstigt.

Faßt man die Angaben „starke" und „sehr stark empfundene Ängstigung" als Indiz für diese Wirkung zusammen, so steht mit einer starken Ängstigung von 23% die

„Verwandlung des Skelettschädels“ an zweiter Stelle. Hierbei handelt es sich um eine Szene am Ende des Filmes, in welcher der kopflose Reiter seinen Schädel zurück erhält und dieser sich in blutiger Weise vom Skelett in seinen menschlichen Kopf verwandelt. Wie die FSK diese beiden Szenen in ihrer Wirkung auf Kinder und Jugendliche beurteilt wird im nachfolgenden Kapitel erläutert und miteinander verglichen.
Die weiteren beiden Szenen der „eisernen Jungfrau“, in welcher der Gendarm seine tote, blutüberströmte Mutter in einer eben solchen Folterfigur vorfindet und die zahlreichen „Köpfungsszenen generell“ werden von den Jugendlichen ähnlich eingestuft. Jeweils 19% gibt an, sie als stark und sehr stark beängstigend wahrgenommen zu haben. Die den Film charakterisierenden Köpfungen können tendenziell als etwas kritischer eingestuft werden, da im Vergleich zur „eisernen Jungfrau“ ein geringer Prozentsatz der Jugendlichen angibt, sie in keiner Weise als ängstigend zu empfinden.

Setzt man, wie in Frage 14 und 15 bewußt auf die Erinnerungsleistung der Probanden ohne bestimmte potentiell ängstigende Szenen vorzugeben, so ist ein weiteres Ergebnis zu erzielen, was besonders für den nachfolgenden Vergleich mit den FSK-Jugendentscheiden von Bedeutung ist. Da der Datensatz hierzu aufgrund der Vielzahl möglicher Nennungen von Szenen in zu geringe Einzelsätze gesplittet ist, soll auf die prozentuale Darstellung verzichtet werden.
Hier ist zu erkennen, dass für die Schüler zwei weitere Szenen, sowohl bezogen auf die eigene Ängstigung, als auch die Einschätzung auf 12- und 13-Jährige ausschlaggebend sind. Diese bezeichnen die 16-Jährigen in Frage 14 genauso oft als beängstigend wie die oben erläuterte Szene des „Familienmords“. Die kritische Wirkung dieser Szenen liegt nicht in der Darstellung weiterer Morde, sondern vielmehr in ihrer blutigen und düsteren Atmosphäre. Zum einen handelt es sich um das Auffinden der vom kopflosen Ritter geraubten menschlichen Schädel in einem Blut statt Wasser transportierenden „Totenbaum“. Zum anderen um das Auftreten einer besonders durch ihr Äußeres erschreckenden Hexe.

Ähnliche Tendenzen lassen sich auch in Frage 15 erkennen. Auch in ihrer Wirkung auf die Altersgruppe der 12- bis 15-Jährigen stehen diese beiden Szenen aus Sicht der Schüler an vorderer Stelle, wobei die häufigste Anzahl der Bewertungen mit 14 Nennungen hierbei auf die Köpfungsszenen generell fallen.

Neben Faktoren für eine nachhaltige Ängstigung einer bestimmten Altersgruppe spielen für die FSK-Prüfer in ihren Gutachten auch „abmildernde“ Faktoren eine Rolle. Daher sollen nachfolgend die Ergebnisse erläutert werden, die die Einstellung der Probanden zu diesen Kriterien widerspiegelt.

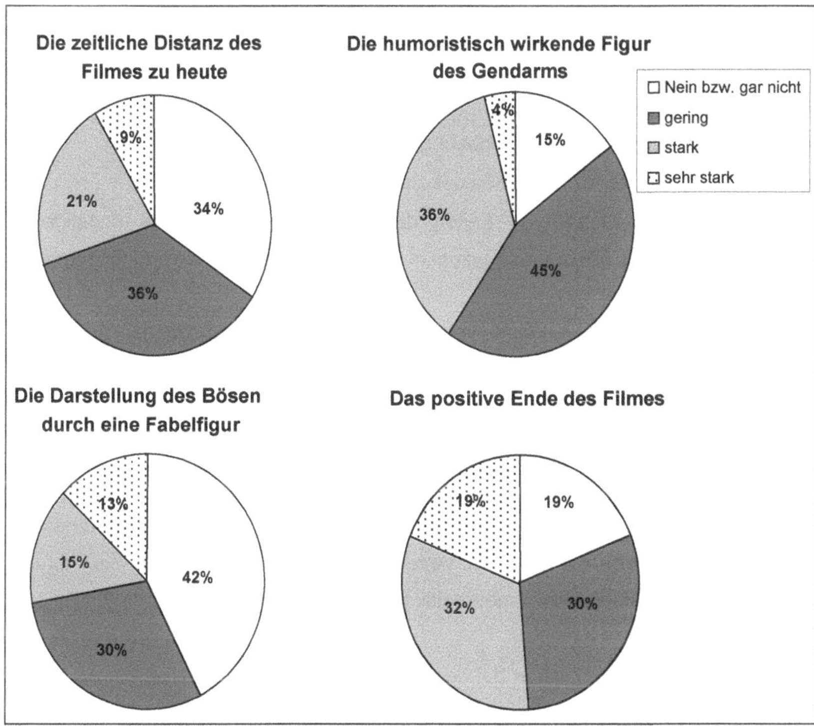

Abb. 12: Die abmildernde Wirkung vier spezieller Aspekte des Films

Wie in Abbildung 12 ersichtlich, sehen die Jugendlichen den Hauptaspekt für die Relativierung der düsteren, ängstigende Wirkung des untersuchten Filmes in dessen positivem Ende. Die geringste abmildernde Rolle spielt für die Schüler, den Ergebnissen des Fragebogens nach, die Darstellung des Bösen, welche durch keine reale menschliche Person, sondern die Fabelfigur des kopflosen Reiters erfolgt. 42% der Probanden sehen hierin den Aspekt welcher zu „gar keine(r) Abmilderung“ der filmischen Atmosphäre führt.

V) Der Vergleich: Einschätzung der Prüfer und Jugendlicher

Um der Untersuchung vorangehende Hypothesen zu prüfen, sollen nun die Ergebnisse des Fragebogens, welche die Bewertung des vorgeführten Films aus der Sicht jugendlicher Rezipienten zeigt, mit der Einschätzung von institutioneller Seite verglichen werden.

Hierbei werden drei Aspekte gegenüber gestellt:

- Die jeweils erteilte Altersfreigabe des Spielfilms Sleepy Hollow
- Die Faktoren, welche von Seiten der FSK als Indiz für die ängstigende Atmosphäre des Films herangezogen werden und deren Bewertung durch die Jugendlichen
- Die Komponenten, welchen die FSK-Prüfer eine die kritische Machart des Filmes abmildernde Wirkung zuschreiben und die diesbezügliche Einschätzungen der Probanden

Der Spielfilm *Sleepy Hollow* ist seit der Prüfsitzung vom 13.04.2000 von der FSK mit der Kennzeichnung „frei ab 16 Jahren“ versehen. Auch die jugendlichen Probanden plädieren mit einem prozentualen Anteil von 60% für diese Alterseinstufung. Obgleich und stimmen somit mehrheitlich mit der Bewertung von professioneller Seite überein.
Hypothese 1, die Jugendlichen bei der Bewertung eines Filmes eine - im Vergleich mit der zuständigen Institution - eher liberale Einstufung zuschreibt, hat sich somit nicht bestätigt.

Weiter liefern die erhobenen Daten jedoch einen Nachweis der Hypothese 2. Denn obwohl die Gymnasialschüler ebenfalls mehrheitlich für FSK16 stimmen, ordnen sie dem Spielfilm eine etwas höher liegende Freigabe zu als ihre Altersgenossen der Realschule. Sie scheinen sich also entweder stärker in die verantwortliche Rolle der Prüfer hineinzuversetzen, oder kritische Szenen als schwerwiegender zu empfinden.

Eine negative Wirkung von Gewaltdarstellungen wird von den Jugendlichen, sowohl bei der Unterteilung in Geschlecht als auch Schultyp, in der selben Ausprägung angenommen. Dieser Aspekt scheint also kein Indiz dafür zu sein, dass *Sleepy Hollow* am Gymnasium - im Gegensatz zur Realschule – neben der mehrheitlichen Nennung FSK12 zu 15% auch mit FSK18 bewertet wurde.

Abschließend soll ein Vergleich der Gründe für die erteilten Altersfreigaben von FSK- und Rezipientenseite gezogen werden.
Ihre Freigabe „ab 16 Jahren" begründet die FSK, wie einführend zum praktischen Teil der Studie erläutert, hauptsächlich an den lautstark inszenierten Köpfungsszenen, die im Laufe des Films sehr häufig auftreten. Die erfassten Daten lassen mehrheitlich darauf schließen, dass auch die Probanden darin die größte negative Wirkung besonders auf die Altersgruppe der 12- und 13-Jährigen sieht. Hierbei ist folglich eine erneute Übereinstimmung zwischen der FSK und den Jugendlichen zu erkennen.

Jedoch liefern die erhobenen Daten auch einen Anhaltspunkt dafür, dass für die Probanden ein weiterer Aspekt entscheidend für die Wirkung des Spielfilms ist. Bei der eigenen Ängstigung gibt die Alterstufe der 16jährigen Probanden mehrheitlich zwei Szenen an, die in keinem der drei Jugendentscheide zu *Sleepy Hollow* zu finden sind. Hierbei handelt es sich um die bereits erläuterte „Hexenszene" und das „Auffinden der menschlichen Schädel". Für die betroffene Altersgruppe selbst scheinen folglich die vielen Köpfungen nicht ausschlaggebend zu sein, sondern die ängstigende Wirkung des Films vielmehr auf den düsteren und „Ekel hervorrufenden" Szenen zu liegen.

Für die Bestätigung der Hypothese 3, welche besagt, dass für Jugendliche selbst nicht hauptsächlich die Tötungsszenen die ausschlaggebende Rolle für eine Ängstigung spielen, können darin weitere Anhaltspunkte gesehen werden. Fällt der Blickwinkel jedoch auf die jüngere Altersgruppe der 12 und 13-Jährigen, so stimmen die Schüler mit den Bewertungen der FSK überein.

Setzt man die Einschätzung der Faktoren gegenüber, die die Wirkung des Films abmildern, so ist folgendes zu erkennen. Für die Jugendlichen spielt neben den von den FSK-Prüfern genannten Komponenten, eine weitere die ausschlaggebende Rolle: das positive Ende des Films.

Im Laufe der Untersuchung wird weiter deutlich, dass der Entscheidungsprozess - sowohl von professioneller Seite als auch bei den Jugendlichen - ambivalent abläuft. Wie ein Großteil der Prüfer des Arbeits- und Hauptausschusses, plädiert auch ein nicht zu vernachlässigender Teil von 30% der Schüler nicht für FSK16, sondern für die Freigabe „ab 12 Jahren". Auch hier sind folglich Ähnlichkeiten zwischen den „Laienprüfern" und der professionellen Seite zu erkennen.

Zusammenfassend läßt sich festhalten, dass die Untersuchung am Filmbeispiel *Sleepy Hollow* zu keiner Bestätigung der vorangehenden These führt, Jugendliche würden einen vorgeführten Film für eine jüngere Altersstufe freigeben als die FSK. Obwohl unter den Probanden auch das Meinungsbild zu finden ist, viele Filme würden zu strikt bearbeitet, stimmen die Schüler wenn sie selber „als Prüfer" agieren in einem ähnlichem Verhältnis mit der Freigabe der FSK überein.

D) EIN AUSBLICK

Fasst man die Erkenntnisse der vorliegenden Studie zusammen, so kann die aktuelle Situation des Jugendmedienschutzes wie folgt charakterisiert werden:

In der theoretischen Darstellung wird deutlich, dass sich der deutsche Jugendschutz in Film und Fernsehen von rechtlicher und institutioneller Seite durchaus ausdifferenziert zeigt. Eine ganze Reihe von Gesetzen haben ihn zum Inhalt, zahlreiche Institutionen wurden gegründet und jeder einzelne Fernsehsender verfügt über einen speziellen Jugendschutzbeauftragten. Neben dem zweiten Pfeiler des Jugendschutzes, dem erzieherischen, präventiven Jugendmedienschutz im Elternhaus, hat sich der „professionelle" im Laufe einer zyklischen verlaufenden Medien-Gewalt-Debatte herauskristallisiert.
Dennoch wird erkennbar, dass die Praxis zum Schutze von Kindern und Jugendlichen vor vermeintlich gefährdenden Medieninhalten kein Berufsfeld ist, welches nach speziellen Wenn-dann-Kriterien arbeitet. Interpretationsspielräume zeigen sich im Verlauf der Studie sowohl bei der Auslegung der rechtlichen Rahmenbedingungen, als auch deren praktischer Umsetzung. In der aktuellen Medienberichterstattung lassen sich Belege finden, die zum einen die Komplexität des Jugendmedienschutzes, zum anderen die Konsequenzen einer widerrechtlichen Handhabung aufzeigen. So droht dem Sender ProSieben ein Bußgeld von bis zu 500.000 Euro aufgrund der jüngsten Ausstrahlung des Films „Der Soldat James Ryan". Dieser erhielt von der FSK die Alterskennzeichnung „frei ab 16 Jahren". Somit hätte er nicht - wie es am 05. Januar 2003 der Fall war - um 20.15 Uhr, sondern erst nach 22.00 Uhr gesendet werden dürfen. Die zuständige Medienanstalt Berlin Brandenburg (MABB) wird in Folge des Verstoßes ein Bußgeldverfahren gegen den privatwirtschaftlichen Sender einleiten.[156]

Beispiele dieser Art und die Diskussion um Neuregulierungen, die im theoretischen Teil erarbeitet wurden, zeigen die ständige Aktualität und Brisanz der Thematik. Daher gestaltet sich der Blick auf die jugendlichen Rezipienten, als die von direkt „betroffenen" als besonders interessant.

Aus den gewonnenen Erkenntnissen am Filmbeispiel *Sleepy Hollow* geht zusammenfassend hervor, dass die tägliche Arbeit der Prüfer und Jugendschützer von Seiten der Jugendlichen selbst als nachvollziehbar gewertet wird. Sind sie selbst in der Situation einen Film aus jugendschützerischen Gesichtspunkten zu bewerten, lassen sich durchaus Übereinstimmungen zwischen den Einschätzungen der Jugendschützer und der „zu Schützenden“ erkennen.

Obgleich sich die vorliegende Studie lediglich auf ein konkretes Filmbeispiel stützt und somit nur Tendenzen deutlich werden lässt, kann sie als Anhaltspunkt gesehen werden, dem gängigen Jugendschutz in Film und Fernsehen durchaus Effektivität und eine rezipientennahe Umsetzung zuzuschreiben.

---

[156] Vgl. o.V.: Pro Sieben droht Bußgeld, Frühe Ausstrahlung von „Soldat James Ryan“ nicht genehmigt. In: Stuttgarter Zeitung, Ausgabe vom 09. 01. 2003, S. 3.

LITERATURVERZEICHNIS

1. Baacke, Dieter et al.: Medienkompetenz in Theorie und Praxis. Herausgegeben von der Gesellschaft für Medienpädagogik und Kommunikationskultur, AJZ Verlag, Bielefeld 2001.

2. Barthelmes, Jürgen: Funktionen von Medien im Prozess des Heranwachsens, Ergebnisse einer Längsschnittuntersuchung bei 13- bis 20-Jährigen. In: Media Perspektiven, Heft 2, Arbeitsgemeinschaft der ARD – Werbegesellschaften (Hrsg.), Frankfurt 2001, S. 84-89.

3. Burkhardt, Wolfgang: Förderung kindlicher Medienkompetenz durch die Eltern – Grundlagen, Konzepte und Zukunftsmodelle. Leske + Budrich, Opladen 2001.

4. Czaja, Dieter: Gleiche Maßstäbe für die Sender. In: tv diskurs – Verantwortung in audiovisuellen Medien, Schriftenreihe der Freiwilligen Selbstkontrolle Fernsehen, Heft 04, Nomos Verlagsgesellschaft, Baden – Baden 1998, S. 63-65.

5. Diekmann, A.: Empirische Sozialforschung. Grundlagen, Methoden, Anwendungen. Rowohlt Verlag, Reinbek 2001 (7).

6. Dörr, Dieter: Jugendschutz in den elektronischen Medien – Bestandsaufnahme und Reformabsichten. Verlag Reinhard Fischer, München 2001.

7. Eggert, Susanne: Fernsehen als Informationsmedium Jugendlicher: Präferenzen und Barrieren. Ergebnisse einer qualitativen Untersuchung bei Zwölf- bis 17-Jährigen. In: Media Perspektiven, Heft 2, Arbeitsgemeinschaft der ARD – Werbegesellschaften (Hrsg.), Frankfurt am Main 2001, S. 75-83.

8. Eisermann, Jessica: Mediengewalt – Die gesellschaftliche Kontrolle von Gewaltdarstellungen im Fernsehen. Westdeutscher Verlag, Wiesbaden 2001.

9. Feierabend, Sabine; Klingler, Walter: Medien- und Themeninteressen Jugendlicher. Ergebnisse der JIM-Studie 2001 zum Medienumgang Zwölf- bis 19-Jähriger. In: Media Perspektiven, Heft 1, Arbeitsgemeinschaft der ARD – Werbegesellschaften (Hrsg.), Frankfurt 2002, S. 9-21.

10. Fischer, Heinz-Dietrich u.a. :100 Jahre Medien-Gewalt-Diskussion in Deutschland. Institut für Medienentwicklung und Kommunikation, Frankfurt am Main 1996.

11. Fortunato, Maria Teresa: Grenzen überschreiten – Nationalität bewahren. In: tv diskurs – Verantwortung in audiovisuellen Medien, Schriftenreihe der Freiwilligen Selbstkontrolle Fernsehen, Heft 19, Nomos Verlagsgesellschaft, Baden – Baden 2002, S. 4-9.

12. Freitag, Burkhard; Zeitter Ernst: Unterschiede und Zusammenhänge bei der Beurteilung von Fernsehgewalt durch Kinder, In: tv diskurs – Verantwortung in audiovisuellen Medien, Schriftenreihe der Freiwilligen Selbstkontrolle Fernsehen, Heft 16, Nomos Verlagsgesellschaft, Baden – Baden 2001, S. 22-29.

13. Gernert, Wolfgang: Jugendschutz. Richard Boorberg Verlag, Stuttgart 1993.

14. Goehlnich, Birgit: Meinungsbilder zum 50.Geburtstag der FSK. In: tv diskurs – Verantwortung in audiovisuellen Medien, Schriftenreihe der Freiwilligen Selbstkontrolle Fernsehen, Heft 10, Nomos Verlagsgesellschaft, Baden – Baden 1999, S .52-59.

15. Grimm, Jürgen: Kooperative Koregulierung statt punktuellen Staatsinterventionismus. In: tv diskurs – Verantwortung in audiovisuellen Medien, Schriftenreihe der Freiwilligen Selbstkontrolle Fernsehen, Heft 19, Nomos Verlagsgesellschaft, Baden – Baden 2002, S. 50-55.

16. Groebel Jo, Gleich Uli: Gewaltprofile des deutschen Fernsehprogramms. Eine Analyse des Angebotes privater und öffentlich-rechtlicher Sender. Schriftenreihe Medienforschung der Landesanstalt für Rundfunk Nordrhein Westfalen, Bd.6, Opladen 1993.

17. Grundgesetz für die Bundesrepubik Deutschland. Bayerische Landeszentrale für politische Bildungsarbeit (Hrsg.), München 1993.

18. Hilse, Jürgen: Die Altersfreigaben von Filmen in Europa oder: Der mühsame Weg zur Einheit. In . In: tv diskurs – Verantwortung in audiovisuellen Medien, Schriftenreihe der Freiwilligen Selbstkontrolle Fernsehen, Heft 15, Nomos Verlagsgesellschaft, Baden – Baden 2001, S. 8-11.

19. Holgersson, Silke: Fernsehen ohne Kontrolle? Westdeutscher Verlag, Opladen 1995.

20. Hönge, Folker: Hypothesen mit konkreten Folgen: Nach welchen Kriterien werden Filme freigegeben? In: tv diskurs – Verantwortung in audiovisuellen Medien, Schriftenreihe der Freiwilligen Selbstkontrolle Fernsehen, Heft 06, Nomos Verlagsgesellschaft, Baden – Baden 1998, S. 58-70.

21. Hönge, Folker: Jugendschutz & Wertewandel. In: Medien Praktisch – Zeitschrift für Medienpädagogik, Heft 02, Gemeinschaftswerk der Evangelischen Publizistik e.V., Frankfurt 1999, S. 10-13.

22. http://www.fsk-online.de/main/index.html

23. http://www.spio.de/3FRAMES/ALT_FRG.HTM

24. http://www.spio.de/CONT/EBENE3/CO_ALT_1.HTM

25. http://www.spio.de/FSK.pdf

26. Isensee, Josef, Axer, Peter: Jugendschutz im Fernsehen. Schriftenreihe des Instituts für Rundfunkrecht an der Universität zu Köln, Verlag C.H.Beck, München 1998.

27. Kleber, Hubert: Gewaltdarstellungen im Fernsehen. Problemlage, Möglichkeiten und Ansatzpunkte pädagogischen Handelns. In: Spannungsfeld Medien und Erziehung, KoPäd Verlag, München 2000, S. 167-189.

28. Kromrey, H.: Empirische Sozialforschungsmodelle & Methoden der standartisierten Datenerhebung & Datenauswertung. Leske+Budrich, Opladen 2000 (9).

29. Kunczik, Michael: Normativ vorgehen – Was kann der Jugendschutz mit der Wirkungsforschung anfangen? In: tv diskurs – Verantwortung in audiovisuellen Medien, Schriftenreihe der Freiwilligen Selbstkontrolle Fernsehen, Heft 14, Nomos Verlagsgesellschaft, Baden – Baden 2000, S. 38-55.

30. Landmann, Dieter: Jugendschutz im öffentlich – rechtlichen Rundfunk – Die Praxis im ZDF. In: tv diskurs – Verantwortung in audiovisuellen Medien, Schriftenreihe der Freiwilligen Selbstkontrolle Fernsehen, Heft 10, Nomos Verlagsgesellschaft, Baden – Baden 1999, S. 26-31.

31. Liesching, Marc: Zum Verhältnis von Jugendschutz und Menschenwürde. In: tv diskurs – Verantwortung in audiovisuellen Medien, Schriftenreihe der Freiwilligen Selbstkontrolle Fernsehen, Heft 07, Nomos Verlagsgesellschaft, Baden – Baden 1999, S. 80-83.

32. Media Perspektiven Dokumentation: Staatsvertrag über den Rundfunk im vereinten Deutschland in der Fassung des vierten Rundfunkänderungsstaatsvertrags. Heft 1/2000, Arbeitsgemeinschaft der ARD – Werbegesellschaften (Hrsg.), Frankfurt 2000.

33. Mikat, Claudia: Die Arbeit der Jugendschutzbeauftragten im Fernsehsender. In: tv diskurs – Verantwortung in audiovisuellen Medien, Schriftenreihe der Freiwilligen Selbstkontrolle Fernsehen, Heft 08, Nomos Verlagsgesellschaft, Baden Baden 1999, S. 38-44.

34. Mohr, Inge: Jugendschutz im öffentlich – rechtlichen Fernsehen – Die Praxis in der ARD. In: tv diskurs – Verantwortung in audiovisuellen Medien, Schriftenreihe der Freiwilligen Selbstkontrolle Fernsehen, Heft 09, Nomos Verlagsgesellschaft, Baden – Baden 1999, S. 76-81.

35. Noelle – Neumann, Elisabeth u.a.: Fischer Lexikon Publizistik Massenkommunikation. Fischer Taschenbuch Verlag, Frankfurt am Main 1999

36. o.V.: Pro Sieben droht Bußgeld, Frühe Ausstrahlung von „Soldat James Ryan" nicht genehmigt. In: Stuttgarter Zeitung, Ausgabe vom 09. 01. 2003, S. 3.

37. Ridder, Christa-Maria: Paradigmenwechsel im Jugendmedienschutz? In: Media Perspektiven, Heft 5, Arbeitsgemeinschaft der ARD – Werbegesellschaften (Hrsg.), Frankfurt 2000, S. 213-226.

38. Scholz, Rainer: Jugendschutz. Verlag C.H.Beck, München 1999

39. Schraut, Bernhard: Jugendschutz und Medien. Nomos Verlagsgesellschaft, Baden – Baden 1993

40. Schumann, Heribert: Zum Zustand des deutschen Jugendmedienschutzrechts. In: tv diskurs – Verantwortung in audiovisuellen Medien, Schriftenreihe der Freiwilligen Selbstkontrolle Fernsehen, Heft 15, Nomos Verlagsgesellschaft, Baden – Baden 2001, S. 87-91.

41. Selg, Herbert: Filmhelden als Gewaltmodell - Was gelernt wird hängt von der Gesamtaussage ab. In: tv diskurs – Verantwortung in audiovisuellen Medien, Schriftenreihe der Freiwilligen Selbstkontrolle Fernsehen, Heft 06, Nomos Verlagsgesellschaft, Baden – Baden 1998, S. 36-47.

42. Selg, Olaf: Medienwirkung, Hypothesen – Modelle – Theorien. In: tv diskurs – Verantwortung in audiovisuellen Medien, Schriftenreihe der Freiwilligen Selbstkontrolle Fernsehen, Heft 06, Nomos Verlagsgesellschaft, Baden – Baden 1998, S. 48-49.

43. Strafgesetzbuch der BRD. Bayerisches Staatsministerium (Hrg.) des Inneren, Richard Boorberg Verlag, München 1999

44. Strauß, Stefan: Kompetente Gesprächspartner. In: tv diskurs – Verantwortung in audiovisuellen Medien, Schriftenreihe der Freiwilligen Selbstkontrolle Fernsehen, Heft 12, Nomos Verlagsgesellschaft, Baden – Baden 2000, S.104-106.

45. Stuiber, Heinz-Werner: Medien in Deutschland. Bd. 2, UVK Medien, Konstanz 1998.

46. Super RTL Studie: Kinderwelten 2002, Freizeit und Medien im alltäglichen Erleben von Kindern. IP Verlag, Köln 2002.

47. Urban, Andrea: Freiwillige Selbstkontrolle des Fernsehens gefährdet! Forderung nach Korrektur. In: tv diskurs – Verantwortung in audiovisuellen Medien, Schriftenreihe der Freiwilligen Selbstkontrolle Fernsehen, Heft 13, Nomos Verlagsgesellschaft, Baden – Baden 2000, S. 10-11.

48. von Gottberg, Joachim: Internationaler Jugendmedienschutz. In: Medien Praktisch – Zeitschrift für Medienpädagogik, Heft 02, Gemeinschaftswerk der Evangelischen Publizistik e.V., Frankfurt 1999, S. 14-17.

49. von Gottberg, Joachim: Jugendschutz in den Medien. Herausgegeben von der Freiwilligen Selbstkontrolle Fernsehen e. V., Berlin 1995.

50. von Gottberg, Joachim: Klare Verhältnisse – Gutachten der FSF haben in Zukunft ein starkes Gewicht. In: tv diskurs – Verantwortung in audiovisuellen Medien, Schriftenreihe der Freiwilligen Selbstkontrolle Fernsehen, Heft 19, Nomos Verlagsgesellschaft, Baden – Baden 2002, S. 56-59.

51. von Gottberg, Joachim: Selbstkontrolle-ein Modell für Europa? In: tv diskurs – Verantwortung in audiovisuellen Medien, Schriftenreihe der Freiwilligen Selbstkontrolle Fernsehen, Heft 09, Nomos Verlagsgesellschaft, Baden – Baden 1999, S. 4-7.

52. von Gottberg, Joachim: Sexualiät, Jugendschutz und der Wandel von Moralvorstellungen. In: tv diskurs – Verantwortung in audiovisuellen Medien, Schriftenreihe der Freiwilligen Selbstkontrolle Fernsehen, Heft 15, Nomos Verlagsgesellschaft, Baden – Baden 2001, S. 60-67.

53. von Gottberg, Joachim: Vermittler zwischen unterschiedlichen Interessen – Mit freiwilliger Selbstkontrolle für mehr Jugendschutz im Fernsehen. In: tv diskurs – Verantwortung in audiovisuellen Medien, Schriftenreihe der Freiwilligen Selbstkontrolle Fernsehen, Heft 04, Nomos Verlagsgesellschaft, Baden – Baden 1998, S. 54-60.

54. von Gottberg, Joachim: Wie funktioniert der Jugendschutz in Deutschland? In: tv diskurs – Verantwortung in audiovisuellen Medien, Schriftenreihe der Freiwilligen Selbstkontrolle Fernsehen, Heft 02, Nomos Verlagsgesellschaft, Baden – Baden 1997, S. 12-19.

Zeitfracht Medien GmbH
Ferdinand-Jühlke-Straße 7
99095 Erfurt, Deutschland
produktsicherheit@kolibri360.de